Customer Insights

Jonas Rashedi

Customer Insights

Kundenbedürfnisse und Konsumentenverhalten verstehen

Mit Beiträgen von Stefan Kolb

 Springer Gabler

Jonas Rashedi
Rashedi Consulting GmbH
Waldbronn, Deutschland

ISBN 978-3-658-43391-8   ISBN 978-3-658-43392-5 (eBook)
https://doi.org/10.1007/978-3-658-43392-5

Die Deutsche Nationalbibliothek verzeichnet diese Publikation in der Deutschen Nationalbibliografie; detaillierte bibliografische Daten sind im Internet über https://portal.dnb.de abrufbar.

Planung/Lektorat: Angela Meffert
Springer Gabler ist ein Imprint der eingetragenen Gesellschaft Springer Fachmedien Wiesbaden GmbH und ist ein Teil von Springer Nature.
Die Anschrift der Gesellschaft ist: Abraham-Lincoln-Str. 46, 65189 Wiesbaden, Germany

Das Papier dieses Produkts ist recyclebar.

Vorwort

„Customer Insights" – warum ein englischer Titel für ein deutsches Buch? Ich bin kein Freund von unnötigen Anglizismen, aber in diesem Fall habe ich die Entscheidung bewusst getroffen. Denn die deutschen Übersetzungen für den Begriff „Insights" sind meines Erachtens nicht aussagekräftig genug, um den Ausgangsbegriff zu fassen. Insights im Kontext von „Customer Insights" sind mehr als Erkenntnisse und gehen tiefer als Einblicke. Am ehesten würde es wohl die deutsche Formulierung „tiefgreifendes Verständnis des Kunden,[1] das die Ableitung zielgerichteter Maßnahmen erlaubt" beschreiben. Customer Insights beziehen sich auf die Identifizierung von Faktoren und Umständen, die wesentlichen Einfluss auf das Kundenverhalten haben und die uns helfen, es zu erklären. Das aber ist als Titel wenig tragfähig.

Im Rahmen dieses Buches möchte ich euch sowohl Erhebungs- als auch eine ganze Reihe von Analysetechniken und Modellen vorstellen, die uns dabei helfen, ein tiefgreifendes Verständnis von unseren Kunden zu entwickeln.

Warum sind diese Insights notwendig? Wir brauchen sie, um dem Kunden eine gut durchdachte Kundenreise (= Customer Journey)[2] bieten zu können, die für ihn in einem erstklassigen Einkaufserlebnis mündet, und um ihn richtig ansprechen und motivieren zu können. Um die Kundenreise und das Einkaufserlebnis gestalten zu können, gibt es eine Reihe von Ansatzpunkten: die verwendeten Technologien, die Gestaltung der Prozesse und so weiter. Doch all dies sind nur Instrumente und Hilfsmittel, für deren Anwendung wir einen entsprechenden Input benötigen. Und

---

[1] In diesem Buch wird auf ein Gendern verzichtet, um die Lesbarkeit nicht zu beeinträchtigen.
[2] Die Begriffe „Customer Journey" und „Kundenreise" werden im Buch synonym verwendet, ebenso „Touchpoints" und „Berührungspunkte mit dem Kunden".

genau das ist das tiefgreifende Kundenverständnis. Nur wenn wir verstehen, was einen Kunden bewegt und welche Faktoren welchen Einfluss auf sein Verhalten haben, können wir die einzelnen Kontaktpunkte mit dem Kunden (= Touchpoints) entlang der Customer Journey zielorientiert gestalten, im besten Fall individualisiert und angepasst für den einzelnen Kunden.

Wir können auch einen Weg vom Verständnis des Kunden über den Kundenwert zum Unternehmenswert zeichnen, was letztendlich bedeutet, dass ein Verständnis über den Kunden einen Beitrag zur Sicherung der langfristigen Existenz des Unternehmens leistet.

Aber warum veröffentliche ich im Jahre 2024 ein Buch zu Customer Insights? Hierfür sehe ich persönlich drei Gründe. Erstens sehe ich den Übergang von Verkäufer- zu Käufermärkten in vielen Bereichen: Herrschte nach dem Zweiten Weltkrieg an vielen Gütern ein Mangel, sodass die Nachfrage das Angebot überstieg (Verkäufermärkte), haben wir heute in den meisten Märkten ein deutliches Überangebot an Produkten (= Käufermärkte). Dies macht es für Unternehmen zunehmend schwieriger, die eigenen Leistungen abzusetzen. Zweitens beobachte ich eine zunehmende Homogenität der angebotenen Produkte und Dienstleistungen. Hieraus folgt, dass Unternehmen sich immer schwerer damit tun, sich durch ihre Leistungen von der Konkurrenz zu differenzieren, und demzufolge andere Unterscheidungsmerkmale benötigen – hier kommen die möglichst gut gestaltete Kundenreise sowie das Einkaufserlebnis ins Spiel. Drittens haben wir inzwischen sehr gute Möglichkeiten, das Kundenverhalten zu analysieren und daraus Schlüsse zu ziehen. Die relevanten Stichworte in diesem Kontext sind Big Data und künstliche Intelligenz (KI): Durch die Digitalisierung stehen uns an den einzelnen Offline- und Online-Touchpoints immer mehr digitale Daten zur Verfügung. Zudem erlauben uns das maschinelle Lernen sowie neuronale Netze, diese umfangreichen Datenmengen auch auszuwerten. Daten über das Kaufverhalten der Kunden stehen generell allen Unternehmen zur Verfügung. Und wir können entscheiden, ob wir diese Daten nutzen oder nicht.[3]

Das Buch ist aus Sicht eines Praktikers geschrieben. Trotzdem kommt eine Veröffentlichung zu Customer Insights nicht ohne theoretische Grundlagen aus. Diese werden wir als Unterbau nutzen, um uns dem Thema Customer Insights zu nähern und es zu strukturieren. Ich werde die einzelnen Modelle, Theorien und Vorgehensweisen vorstellen, dann aber zügig zu einer praktischen Anwendung übergehen. Die gesamte Praxisarbeit findet an einem durchgängigen Beispiel, dem fake-shop24.

---

[3] Vgl. Gröppel-Klein, A. (2020). Die Konsumentenverhaltensforschung früher – heute – morgen. In M. Bruhn, C. Burmann, & M. Kirchgeorg (Hrsg.), Marketing Weiterdenken (S. 403–420). Wiesbaden: Springer Fachmedien Wiesbaden, hier: S. 405.

de, statt. Es handelt sich hierbei um einen Onlineshop aus dem Consumer-Bereich, für den umfangreiche – wenngleich fiktive – Daten zur Verfügung stehen.

Das Buch ist in acht Kapitel unterteilt. Jedes Kapitel beginnt mit einer Einordnung, warum die in diesem Kapitel behandelten Inhalte für das Themengebiet Customer Insights relevant sind. Im Anschluss gehen wir zu den theoretischen Inhalten über und ich zeige den praktischen Nutzen anhand des fake-shop24.de auf.

Kap. 1 gestaltet sich sehr kurz und geht auf den fake-shop24.de ein. Ich zeige auf, wie die Arbeit mit dem Onlineshop funktioniert und welche Daten über die Webseite des Shops gewonnen werden können. Kap. 2 ist ein Gastbeitrag von Herrn Professor Kolb. Der Beitrag nimmt eine Definition des Begriffs sowie eine Einordnung vor. Insbesondere zeigt Herr Professor Kolb in diesem Kapitel auf, welche Rolle Customer Insights in Zusammenhang mit der Weiterentwicklung bestehender und der Schaffung vollständig neuer Angebote spielen. Ich bin sehr dankbar und stolz, dass Herr Professor Kolb einen Beitrag zu meinem Buch beigesteuert hat.

In Kap. 3 sehen wir uns grundlegende Modelle des Konsumentenverhaltens an. Neben kurzen theoretischen Ausführungen zum Modellbegriff zeige ich auf, welche unterschiedlichen Arten von Modellen es in der Konsumentenforschung gibt. Im Kern können wir zwischen Totalmodellen, die das gesamte menschliche Verhalten zu erklären versuchen, und Partialmodellen, die einen bestimmten Bereich menschlichen Verhaltens oder bestimmte Einflussfaktoren fokussieren, differenzieren.

Einen wichtigen Aspekt in Zusammenhang mit Customer Insights stellt die Kundensegmentierung dar, die wir uns in Kap. 4 ansehen. Eine Kundensegmentierung fasst im Hinblick auf spezifische Merkmale ähnliche Kunden zu einer Gruppe zusammen. Hieraus resultiert eine Reihe von Vorteilen, wie beispielsweise eine Adressierung durch ähnliche Maßnahmen oder die Möglichkeit zum zielorientierten Ressourceneinsatz. Wichtig im Zusammenhang mit der Kundensegmentierung sind die Begriffe „Segmentierungskriterien", also diejenigen Kriterien, für die eine Ähnlichkeit bzw. Unähnlichkeit untersucht wird, sowie „Segmentierungsverfahren", also die Verfahren, nach denen die Segmentierung erfolgt. Die Segmentierungsverfahren werden anhand der Anzahl der genutzten Segmentierungskriterien in ein- und mehrdimensionale Verfahren differenziert. Diese Unterscheidung nutze auch ich zur Vorstellung unterschiedlicher Verfahren.

Mit dem Themenfeld Customer Analytics setzt sich Kap. 5 auseinander. Hinter dem Begriff versteckt sich im Kern eine Reihe von Analyseverfahren unterschiedlicher Reifegrade, die Erkenntnisse im Hinblick auf das Kundenverhalten liefern. So kann über Descriptive Analytics die Frage beantwortet werden, welches Verhalten Kunden in der Vergangenheit an den Tag legten. Diagnostic Analytics geht einen Schritt weiter und hilft u. a. bei der Beantwortung der Frage, warum bestimmte Situationen eingetreten sind und was die Gründe hierfür waren. Über die beiden letzten Analyseverfahren können wir uns der Frage nähern, wie sich Kunden voraussichtlich verhalten werden, welche Konsequenzen dies für das Unternehmen hat (Predictive Analytics) und was unser Unternehmen tun muss, damit gewisse Ereignisse oder Zustände eintreten bzw. nicht eintreten (Prescriptive Analytics).

Die soziale Netzwerkanalyse behandle ich in Kap. 6. Diese stellt die Beziehung zwischen Objekten in den Mittelpunkt der Betrachtung. In der Konsumforschung wird die Netzwerkanalyse eingesetzt, um beispielsweise die Beziehungen zwischen Konsumenten untereinander zu betrachten und die daraus resultierenden Auswirkungen auf Konsumentscheidungen zu analysieren.

Die Usability-Forschung behandle ich in Kap. 7. In diesem Kapitel zeige ich nach einer Definition und einer Abgrenzung zu artverwandten Begriffen eine Reihe von Gestaltungsprinzipien für die Erstellung informationstechnischer Systeme, unter die auch Webseiten und Onlineshops fallen. Weiterhin stelle ich eine mögliche Umsetzung des Usability-Prozesses vor, gehe auf ausgewählte Beispiele für Verfahren zur Messung und Überprüfung von Usability ein und zeige auf, welche Bedeutung Usability in Zusammenhang mit Customer Analytics für die Bereiche Webentwicklung, Applikationen für mobile Endgeräte und physische Produkte sowie Services besitzt.

Das Buch beende ich mit einer Zusammenfassung der wichtigsten Aspekte von Customer Insights. Außerdem versuche ich einen Ausblick auf künftige Entwicklungen zu geben.

Waldbronn, Deutschland   Jonas Rashedi

Inhaltsverzeichnis

Abbildungsverzeichnis

Tabellenverzeichnis

Praxisbeispiel fake-shop24.de

1

Dieses kurze Kapitel dient der Vorstellung des fiktiven Onlineshops fake-shop24.de.

Diesen Onlineshop nutze ich, wenn immer möglich, zur praktischen Darstellung und Veranschaulichung der theoretischen Inhalte der einzelnen Kapitel.

Wie im Vorwort bereits angekündigt, begleitet uns der fake-shop24.de im Laufe der Lektüre als Quelle für Beispiele. Durch unseren Fakeshop müssen wir uns nicht immer wieder in neue Sachverhalte eindenken, wenn wir uns mit praktischen Fragestellungen auseinandersetzen.

Wenn wir die Seite fake-shop24.de aufrufen, sehen wir die Startseite eines kleinen, einfach gestalteten Onlineshops für Parfum (s. Abb. 1.1). Auf der Startseite werden im linken Bereich sowohl unterschiedliche Kategorien (Männer, Frauen, Sport, Elegance) als auch Marken (u. a. Flavair, Fragrances4U ...) angeboten. Im rechten Bereich sind Parfümerie-Produkte dargestellt, die zwar keine Beschreibung aufweisen, aber durch Anklicken in den Warenkorb gelegt werden können.

Interessant für uns ist das Diagramm-Symbol am rechten oberen Rand. Wenn wir darauf klicken, gelangen wir in den Data-Analytics-Bereich. Dort können wir uns drei unterschiedliche Datensätze zur Durchführung von Analysen herunterladen.

Der Bereich „Statistiken" umfasst einige tabellarische und grafische Darstellungen zum Absatz und zum Umsatz sowie deren Aufschlüsselung nach unterschiedlichen Kriterien sowie zu SEO-Suchbegriffen. Im Bereich „Datensätze" finden sich Daten zu

- **Kunden:** Die Kundendaten umfassen umfangreiche soziodemografische, psychografische sowie verhaltensbezogene Merkmale,

J. Rashedi, *Customer Insights*, https://doi.org/10.1007/978-3-658-43392-5_1

Abb. 1.1 Screenshot des fake-shop24.de. (Quelle: fake-shop24.de)

- **Produkten:** Dieser Datensatz enthält die Daten von mehr als 500 Produkten. Als Produktmerkmale werden neben dem Namen und einer Produkt-ID auch eine Produktbeschreibung, die Marke, der Preis sowie ein Produktfoto aufgeführt,
- **Bestellungen:** Hier sind eine Order-ID für jede Bestellung sowie das Bestelldatum und eine Kunden-ID enthalten.

Wir werden den Fakeshop einerseits nutzen, um sehr theoretische Sachverhalte wie beispielsweise Modelle zu veranschaulichen. So gibt es beispielsweise eine Reihe von Modellen, die helfen, das Konsumentenverhalten aus unterschiedlichen Blickwinkeln zu beschreiben (z. B. Totalmodelle des Kundenverhaltens). Diese Modelle können teilweise sehr abstrakt wirken. Mit Hilfe des fake-shop24.de ist es uns jedoch möglich, die abstrakten Modelle auf ein konkretes Beispiel zu beziehen und damit die Funktionsweise und den Mehrwert der Modelle zu verstehen.

Andererseits nutzen wir die mit dem Shop gleichzeitig zur Verfügung gestellten Daten, um Analysen durchzuführen und Maßnahmen für den Shop abzuleiten. So werden wir uns beispielsweise mit Hilfe der Shop-Daten anschauen, wie man schnell und einfach eine ABC-Analyse umsetzen kann.

Grundlagen zu Customer Insights
(Beitrag von Prof. Dr. Stefan Kolb)

2

Dieses Kapitel ist ein Gastbeitrag von Herrn Professor Stefan Kolb, Leiter des Studiengangs BWL-Digital Commerce Management an der Dualen Hochschule Baden-Württemberg (Standort Karlsruhe). Dieser Gastbeitrag legt die Grundlagen für das Themengebiet Customer Insights. Herr Professor Kolb diskutiert zunächst den Begriff „Customer Insights" (Abschn. 2.1). Danach nimmt er eine differenzierte Sichtweise auf Customer Insights in Abhängigkeit vom Reifegrad der Angebote des betrachteten Unternehmens ein: So lassen sich Customer Insights sowohl zur Entwicklung neuer als auch zur Weiterentwicklung bestehender Angebote nutzen (Abschn. 2.2).

2.1 Der Begriff „Customer Insights"

Der Begriff Customer Insights, u. a. auch als Consumer Insights bezeichnet, erfreut sich zwar seit Jahren zunehmender Beliebtheit im akademischen sowie praxisbezogenen Kontext, wird jedoch bislang keineswegs einheitlich definiert (vgl. u. a. Föll, 2007, S. 1; Pätzmann & Adamczyk, 2020, S. 1; Bailey, 2021, S. 12).

So könnte man Customer Insights zunächst als „tiefe Einsichten aus Zielgruppenperspektive" einordnen (vgl. Pätzmann & Adamczyk, 2020, S. 1; Pätzmann & Hartwig, 2018, S. 45). Während Riekhof (2010, S. 9) diese als „Erkenntnisse über Kundenverhalten, Kundenerwartungen und Kundenbedürfnisse" definiert, die als Ausgangspunkt für eine tragfähige Markenkonzeption dienen sollen, kategorisiert Bailey (2021, S. 12 f.) Customer Insights als „deep understanding of your customers' beliefs, needs and their relationship with your brand, as well as the motivations underlying their buying behaviour".

J. Rashedi, *Customer Insights*, https://doi.org/10.1007/978-3-658-43392-5_2

In der Unternehmenspraxis können Customer Insights sowohl beim Adressieren von neuen Geschäftsopportunitäten wertvolle Beiträge liefern, beispielsweise im Kontext einer zielgerichteten Ideengenerierung zu neuen Geschäftsmodellen („Ideation"), als auch Probleme im bestehenden Geschäft beheben bzw. das aktuelle Geschäft deutlich optimieren (vgl. BCG, 2023a).

Eine besondere Relevanz gewinnt der Begriff in jüngerer Zeit zudem vor dem Hintergrund der fortschreitenden Möglichkeiten der Digitalisierung: Neue Datenquellen, Methoden und Technologien sorgen für eine zunehmende Verfügbarkeit von Daten innerhalb von Unternehmen, welche dazu führt, dass die zielgerichtete Arbeit an der Gewinnung echter Customer Insights selbst einer regelrechten Transformation unterliegt und vor diesem Hintergrund mitunter ganz neue Methoden und Fähigkeiten innerhalb von Unternehmen aufgebaut werden müssen (vgl. Einhorn & Löffler, 2021).

Dabei ist zu beachten, dass es sich bei der Gewinnung und Interpretation von Customer Insights keineswegs um eine triviale Aufgabe handelt. Einfache Befragungen oder oberflächliche Analysen von Kunden und ihrem Verhalten stellen zwar eine Basis dar und sind richtig und notwendig, allerdings liefern sie in vielen Fällen (leider) keine ausreichenden Erkenntnisse.

Insight Mining und die Metapher des Eisbergs
Hier hilft, zum besseren Verständnis, die Metapher eines im Meer treibenden Eisberges, bei dem sich der größte Teil im Verborgenen – unter Wasser – befindet und nur ein kleiner Teil herausragt.

Die Spitze des Eisberges, die nur einen geringen Teil der gesamten Größe ausmacht und die man über der Wasseroberfläche problemlos erkennen kann, ist vergleichbar mit der sogenannten Informationsebene: Wenn man beispielsweise eine Kundin oder einen Kunden direkt zu etwas ganz Konkretem bzgl. ihres Kundenverhaltens befragt, könnte man die Antwort, die man daraufhin erhält, für bare Münze nehmen. In vielen Fällen stimmt jedoch das, was Kunden behaupten, nicht mit ihrem tatsächlichen Konsumentenverhalten oder gar ihren tieferliegenden Motivationen oder Vorbehalten überein.

Beobachtet man ergänzend – beispielsweise im Rahmen eines bewussten Versuchsaufbaus in der realen Welt oder via Web-Tracking online – das Verhalten von Kundinnen und Kunden, so kann man mitunter erste Erkenntnisse dahingehend gewinnen, dass es bestimmte Dinge gibt, die besagte Kunden zwar behaupten, die sich aber nicht in ihrem Konsumentenverhalten widerspiegeln, oder andersherum, dass es Verhaltensweisen gibt, von denen die Kunden in der Befragung nichts erwähnen, die sie jedoch trotzdem beim Konsumieren zeigen. Dies wäre vergleichbar mit dem mittleren Teil des Eisbergs, direkt unter der Wasseroberfläche, der sogenannten Observationsebene.

Die spannendste Schicht des Eisberges ist jedoch das letzte und am tiefsten gelegene Drittel unter Wasser, vergleichbar mit der sogenannten Insight-Ebene. Diese ist am schwierigsten zu erreichen und keinesfalls offensichtlich, offenbart jedoch, wie Kunden sich verhalten und warum. Mit geeigneten Ansätzen hinter diese tieferliegenden Überzeugungen, Einstellungen, Werte, Motivationen oder auch Vorbehalten zu kommen, welche u. a. das Konsumverhalten von Menschen erklären, ist die große Kunst des Insight Minings.

Vor diesem Hintergrund gilt nachfolgend die folgende Definition von Customer Insights:

> „Customer Insights, in der Praxis u. a. auch als Consumer Insights bezeichnet, beschreiben aggregierte Erkenntnisse zu tieferliegenden Überzeugungen, Einstellungen, Werten, Motivationen oder auch Vorbehalten, welche auch dazu beitragen, das Konsumverhalten von Menschen zu erklären.
>
> Somit können echte Customer Insights einerseits dazu genutzt werden, möglichst kundenzentriert passende Produkte, Dienstleistungen oder ganze Geschäftsmodelle (weiter) zu entwickeln sowie andererseits Probleme im Zusammenhang mit bestehenden Produkten, Dienstleistungen oder Geschäftsmodellen zu erkennen und fokussiert zu lösen."

Wichtig ist dabei die ergänzende Feststellung, dass Customer Insights sowohl im Zusammenhang mit Geschäftsbeziehungen zwischen Unternehmen (im sogenannten Business-to-Business, also B2B) als auch im Kontext von Geschäftsbeziehungen zwischen Unternehmen und Konsumierenden (im sogenannten Business-to-Consumer, also B2C) eine Rolle spielen können.

2.2 Customer Insights in Abhängigkeit vom Reifegrad des jeweiligen Angebotes

Um zu einer tiefgreifenden Erkenntnis bezüglich der Motivationen oder Überzeugungen von Menschen im Kontext ihres Verbraucherverhaltens zu gelangen, gibt es keineswegs nur einen Ansatz. Vielmehr lassen sich unterschiedliche Herangehensweisen zunächst danach kategorisieren, wie reif die Überlegungen zu einem Produkt, einer Dienstleistung oder einem ganzen Geschäftsmodell bereits sind (siehe hierzu Abb. 2.1).

Für die nachfolgende Ausarbeitung wird ein Fokus auf Insight Mining im laufenden Geschäft gelegt, wo ein hoher Reifegrad bzw. etablierte Produkte,

	Niedriger Reifegrad von (Ideen zu) Produkt/Dienstleistung/Geschäftsmodell	Hoher Reifegrad/etablierte(s) Produkt/Dienstleistung/Geschäftsmodell
Insight Mining	• primär qualitatives Insight-Mining	• primär quantitatives Insight-Mining
Identifikation der relevanten Zielgruppe	• Nutzung unterschiedlicher Ansätze der Kundensegmentierung • Im Rahmen qualitativer Ansätze ist – aufgrund kleiner Stichproben – i.d.R. eine bewusste Entscheidung zu treffen, welche (einzelnen) Versuchspersonen die künftige Zielgruppe am ehesten repräsentieren	• Nutzung unterschiedlicher Ansätze der Kundensegmentierung • Im Rahmen von quantitativen Ansätzen ist – aufgrund des Vorhandenseins von existierenden Konsumierenden sowie größeren Datenmengen – auch eine größere Stichprobe mit ggf. repräsentativeren Ergebnissen erzielbar
Methoden	• Interviews/Expertengespräche • Beobachtungen • Fokusgruppen • …	• Analyse vorhandener Kundendaten • Web Tracking • Social Listening • Quantitative Umfragen/Panels • …
Arten	• Descriptive Analytics (beschreibende Analysen von Daten aus unterschiedlichen Quellen) • Diagnostic Analytics (Ansatz zur Identifikation der Ursachen für ein bestimmtes Ereignis) • Predictive Analytics (Nutzung vergangenheitsbezogener Daten als Basis für Vorhersagen) • Prescriptive Analytics (Nutzung von Daten zur Generierung optimaler Entscheidungsoptionen)	
Ausgewählte Tools und Enabler	Ansätze des agilen Arbeitens und Projektmanagements, bspw. Design Thinking, welche sich einfacher Prototypen bedienen, um in wenigen Tiefengesprächen mit potenziellen Nutzern Erkenntnisse im Rahmen primär qualitativen Insight-Minings zu generieren	Technologien wie das Internet der Dinge (im engl. Internet of Things, „IoT") oder künstliche Intelligenz (im engl. Artificial Intelligence, „AI"), welche große Datenmengen generieren und tw. veredeln können („Big Data"), als Ausgangsbasis für primär quantitatives Insight-Mining

Abb. 2.1 Customer Insights in Abhängigkeit des Reifegrades des jeweiligen Angebotes (© Stefan Kolb)

Dienstleistungen oder Geschäftsmodelle vorliegen, die entweder auf dieser Basis weiter optimiert werden sollen oder ggf. auch mit Problemen behaftet sind, die zunächst verstanden und dann gelöst werden sollen.

Dennoch soll an dieser Stelle die spannende Welt des Insight Minings im Rahmen neuer Angebote nicht unerwähnt bleiben, daher geben wir nachfolgend hierüber zumindest einen überblicksartigen und kompakten Ausblick, bevor wir uns im weiteren Verlauf detailliert dem Insight Mining im bestehenden Geschäft widmen.

2.2.1 Customer Insights im Rahmen der Entwicklung neuer Angebote

Das Konzept der Customer Insights kann bereits sehr früh in die Entwicklung von neuen Produkten, Dienstleistungen oder Geschäftsmodellen einbezogen werden und dadurch erhebliche Mehrwerte generieren, und zwar sowohl bei Start-ups als auch bei etablierten Unternehmen. Viel zu oft kommt es in der Unternehmenspraxis jedoch vor, dass dabei die „Expertenmeinung" der eigenen Mitarbeitenden oder des Managements den Ausschlag gibt, welche Features oder Ausgestaltungen ein neues Angebot haben soll, und potenzielle Kunden werden gerade in der kritischen frühen Phase einer Ideenentwicklung („Ideation") weitgehend außer Acht gelassen. Allzu oft wird dann letztlich etwas über einen längeren Zeitraum und mit hohem finanziellen Aufwand entwickelt, das mitunter völlig an den Bedürfnissen der eigentlichen Zielgruppe vorbeigeht.

Dies ist u. a. darauf zurückzuführen, dass gerade bei der Entwicklung eines ganz neuen, ggf. auch andersartigen Angebots, als es vielleicht bislang auf dem Markt zu finden ist, der Reifegrad der dahinterliegenden Idee in der Regel zunächst relativ niedrig und die Unsicherheit zur kundenseitigen Akzeptanz sehr hoch ist, da oftmals viele Detailfragen noch nicht sicher beantwortet werden können.

Als anschauliches Beispiel kann die Entwicklung neuer, radikal andersartiger Geschäftsmodelle herangezogen werden: Immer mehr Unternehmen haben die Notwendigkeit erkannt, nicht nur ihr laufendes Geschäftsmodell mehr oder weniger regelmäßig auf den Prüfstand zu stellen und ggf. inkrementell weiterzuentwickeln, sondern mitunter auch ganz neue, andersartige Geschäftsmodelle zu entwickeln und zu pilotieren, beispielsweise im Kontext der sogenannten Plattformen. Verschiedene Untersuchungen haben aufgezeigt, dass sowohl Produkt- als auch Service- oder Prozessinnovationen einen positiven Beitrag zur Aufrechterhaltung der Wirtschaftlichkeit eines Unternehmens leisten, jedoch die Entwicklung neuer Geschäftsmodelle – sofern diese wirklich die Bedürfnisse der späteren Zielgruppe(n) berücksichtigen – ein deutlich höheres Erfolgspotenzial aufweist als reine Produkt- oder beispielsweise Prozessinnovationen (vgl. Gassmann et al., 2011, S. 4 f.; BCG, 2023b). Dennoch bleibt festzuhalten, dass Geschäftsmodell-innovationen in aller Regel auch am schwierigsten umzusetzen sind, da die Unsicherheit gerade in der frühen Entwicklungsphase sehr hoch sein kann.

Hier kann eine frühzeitige Berücksichtigung des Konzeptes der Customer Insights für das Innovationsvorhaben einen erheblichen Mehrwert generieren, denn hier steht im Vordergrund, ein tiefgreifendes Verständnis bezüglich der fokussierten Zielgruppe zu erarbeiten. Da es jedoch gerade in den frühen Phasen der Ideenentwicklung in der Regel noch kein Angebot im Sinne eines Produktes, einer Dienstleistung oder eines ganzen Geschäftsmodells gibt, braucht es andere Wege, um herauszufinden, wie das angedachte Angebot bei der fokussierten Zielgruppe ankommt.

Das Insight-Mining erfolgt in solchen Fällen primär basierend auf qualitativen Ansätzen, bei denen auf Basis kleiner Stichproben in der Regel nicht standardisierte Daten erhoben werden. Dabei ist keineswegs ausgeschlossen, dass mitunter auch quantitative Ansätze in solchen Projekten genutzt werden (daher hier auch als primär qualitativ bezeichnet) sowie beispielsweise ergänzende Studien basierend auf größeren Stichproben.

Die Definition der eigentlichen Zielgruppe als Ausgangspunkt der Analyse ist dabei alles andere als einfach, da oftmals in einer frühen Phase noch große Unsicherheit besteht, wer denn überhaupt zu dieser Zielgruppe zu zählen ist. Mitunter kommt es bei Start-up-artigem Vorgehen sogar teilweise zu mehreren Wechseln der Zielgruppe und ggf. des Angebotes im Sinne eines sogenannten Pivots. Zudem werden in diesem Kontext eher kleinere Stichproben genutzt.

Methodisch basiert dies in der Regel auf Interviews mit Vertreterinnen und Vertretern der fokussierten Zielgruppe, aber auch auf Expertengesprächen (gerade im B2B), Beobachtungen oder sogenannten Fokus-Gruppen – also kleineren Gruppen von Personen aus der jeweiligen Zielgruppe, die gleichzeitig befragt werden – und bereits in frühen Phasen erhebliche Mehrwerte generieren können.

Eine zentrale Herausforderung liegt dabei insbesondere in einer geeigneten Selektion von zu befragenden Personen, da einerseits oft pro Phase einer Idee nur wenige Befragungen stattfinden – dafür aber in der Tiefe – und andererseits festgelegt werden muss, ob man innerhalb einer definierten Zielgruppe versucht, einer Replikationslogik zu folgen (vgl. Yin, 2009, S. 54 f.), also durch Replikation beispielsweise von Interviews mit ähnlichen Gesprächsteilnehmern sich wiederholende Muster zu erkennen (z. B. Befragungen von fünf alleinerziehenden Müttern im Alter von 30 bis 35 Jahren mit hohem Bildungsabschluss), welche die Ergebnisse stabiler machen würden, oder bewusst unterschiedliche Gesprächsteilnehmer selektiert (etwa Befragung von fünf alleinerziehenden Personen mit unterschiedlichen Geschlechtsidentitäten und Bildungsabschlüssen).

Im Rahmen des Befragungsdesigns finden sich bei frühen Ideen durchaus auch die unterschiedlichen in Abb. 2.1 aufgeführten Arten, auch wenn diese in der Regel eher implizit zur Anwendung kommen. So könnte man beispielsweise Parallelen zu Descriptive Analytics ziehen, wenn im Rahmen eines Innovationsprojektes beschreibende (Zwischen-)Ergebnisse aus Interviews mit potenziellen Nutzern abgeleitet werden. Auch diagnostische Ansätze lassen sich mitunter erkennen (in Anlehnung an Diagnostic Analytics), wenn Ergebnisse aus Kundengesprächen so lange interpretiert werden, dass aus reinen Informationen erste echte Insights zum Konsumentenverhalten werden. Selbstverständlich wird auch versucht – trotz kleiner Stichproben und damit einhergehend fehlender statistischer Repräsentativität – Vorhersagen bezüglich des künftigen Konsumentenverhaltens zu treffen, was eine Parallele zu Predictive Analytics aufweist. Und die Grundidee hinter Prescriptive Analytics, also der Nutzung unterschiedlicher Daten zur Generierung von Entscheidungsoptionen, ist das Finden geeigneter Angebote, Dienstleistungen oder auch ganzer Geschäftsmodelle auf der Basis von Insight Mining. Dennoch bleibt festzuhalten, dass diese unterschiedlichen Arten der Analyse vorwiegend mit Bezug zu bestehenden Angeboten Verwendung finden.

Bezüglich ausgewählter Tools und Enabler haben sich insbesondere sogenannte agile Methoden des Arbeitens und Projektmanagements, wie beispielsweise Design Thinking, als äußerst praktikabel erwiesen, die im Zusammenhang mit dem Gedanken des Insight Minings in frühen Phasen einer Idee enorme Mehrwerte generieren. Da deren Anwendungsmethodologie bereits in unterschiedlicher Weise breit dokumentiert (vgl. u. a. Osann et al., 2020; Lewrick et al., 2018; HPI, 2023) und in ihrer Logik sehr eigenständig ist, wird an dieser Stelle lediglich hierauf verwiesen, ohne weitere Vertiefung.

Nachfolgend wird exemplarisch eine Technik herausgestellt, die verdeutlicht, dass die Logik aus der Metapher des Eisberges bei der Entwicklung ganz neuer Angebote durchaus Anwendung findet.

Beispiel: Insight-Mining im Rahmen der Entwicklung neuer Angebote in der Praxis

Im Design Thinking ist es üblich, erst nach einigen Phasen, die das Verstehen des Problems oder der heutigen Ausgangslage zum Gegenstand haben, kreativ zu werden und potenzielle Lösungen zu entwickeln, die später dann mittels einfacher sogenannter Prototypen mit der Zielgruppe im Detail kritisch reflektiert und auf ihre Fähigkeit getestet werden, ein Marktbedürfnis zu befriedigen. Dabei kommt es in verschiedenen Phasen der Methode dazu, dass Menschen der jeweiligen Zielgruppe befragt werden, beispielsweise schon recht früh im

Projekt, wenn man etwa über sogenannte Need-Finding-Gespräche heraus-
finden möchte, mit welchen bestehenden Lösungen die Zielgruppe heute noch
nicht vollumfänglich zufrieden ist und was sie sich noch wünschen würde, mit
Blick auf potenzielle zukünftige Lösungen. Diese Gespräche werden mittels bestimmter Techniken (vgl. u. a. Lewrick et al., 2018, S. 63) geführt, um bewusst
an bestimmten Stellen im Gespräch – dort, wo echte Insights vermutet werden –
mit Warum-Fragen ggf. sogar mehrfach nachzuhaken. Nicht immer öffnen sich
die befragten Personen ganzheitlich.

Um dennoch bestmöglich an echte Insights im Sinne der Metapher des Eisberges zu gelangen, hat sich in der Praxis bewährt, dass alle Team-Mitglieder,
die an der Befragung beteiligt waren, diese innerhalb von maximal 24 h Revue
passieren lassen, ohne dabei schon zu tief in etwaigen Aufzeichnungen zu ver-
sinken. Dabei hilft auch, im Nachgang – zunächst im persönlichen Gespräch –
die Highlights und Ungereimtheiten herauszustellen und gemeinsam – unter
Nutzung der Leitfrage „Warum?" – zu interpretieren, warum die befragte Person vermutlich so geantwortet hat und welche tieferliegenden Beweggründe
dahinterstecken könnten. Dieses Vorgehen erfordert nicht nur Versiertheit in
Bezug auf Insight Mining, sondern auch besonderes Fingerspitzengefühl der
Beteiligten, um bestmöglich zu vermeiden, dass man den Befragten Motivationen unterstellt, die gar nicht vorhanden sind. Bei richtiger Anwendung kann
diese Vorgehensweise jedoch hervorragend genutzt werden, um beispielsweise
Hypothesen über die Beweggründe bestimmter Zielgruppen aufzustellen. Diese
Hypothesen können dann in Folgegesprächen nochmals kritisch überprüft wer-
den und im besten Fall tatsächlich relevante Insights offenbaren. ◄

2.2.2 Customer Insights im Rahmen der Weiterentwicklung
bestehender Angebote

Im Kern konzentriert sich die nachfolgende Ausarbeitung auf die Fragestellung, wie
Customer Insights bestmöglich im Kontext von bestehenden Produkten, Dienstleistungen oder ganzen Geschäftsmodellen generiert und genutzt werden können, um
entweder das laufende Geschäft weiter zu optimieren oder Probleme in diesem Zusammenhang zu erkennen und bestmöglich zu eliminieren (vgl. Abb. 2.1).

In diesem Kontext kann davon ausgegangen werden, dass das Insight Mining
primär quantitativ erfolgt, also beispielsweise auf Basis größerer Stichproben und
standardisierter Kundendaten, wobei selbstverständlich auch qualitative Ansätze
(siehe Abschn. 2.2.1) Berücksichtigung finden.

Zur Identifikation der relevanten Zielgruppe bestehen unterschiedliche Ansätze der Kundensegmentierung, die ausführlich in Kap. 4 beschrieben werden und den Ausgangspunkt der weiteren Überlegungen zu einem zielgerichteten Insight Mining darstellen sollten.

Methodisch lassen sich ebenfalls unterschiedliche Ansätze mit hoher Praxisrelevanz erkennen (siehe hierzu Abb. 2.1). So können einerseits vorhandene Kundendaten genutzt werden, etwa im Kontext des E-Commerce auch in Verbindung mit Web-Tracking, wobei mittels geeigneter Analyse-Tools auch größere Datenmengen zu Website-Besuchern und deren Verhalten ausgewertet werden können. Auch Social Listening kommt methodisch zunehmend zum Einsatz. Hierbei handelt es sich um eine Form der Analyse ausgewählter sozialer Medien nach relevanten Informationen für das jeweilige Unternehmen (z. B. Bewertung von Produkten, Image des Unternehmens aus Kundensicht …), die Insights zu bestehenden oder künftigen Zielgruppen mit sich bringen kann. Im Kontext der quantitativen Verfahren kommen selbstverständlich auch quantitative Umfragen mit größeren, möglichst repräsentativ quotierten Stichproben zum Einsatz oder auch wiederholte Befragungen der gleichen Studienteilnehmenden zu einem bestimmten Untersuchungsgegenstand im Sinne von Panels.

Insbesondere im Kontext der etablierten Angebote spielen dann auch die unterschiedlichen Arten im Sinne von Descriptive Analytics, Diagnostic Analytics, Predictive Analytics und Prescriptive Analytics eine entscheidende Rolle und werden nachfolgend in Abschn. 5.3 entsprechend vertieft.

Mit Blick auf ausgewählte Tools und Enabler lässt sich hinsichtlich bestehender Angebote feststellen, dass insbesondere Technologien wie das Internet der Dinge („IoT") oder künstliche Intelligenz („KI" oder „AI"), gerade auch kombiniert miteinander und ggf. mit weiteren relevanten Technologien im jeweiligen Kontext, nicht nur spannende neue Angebote zeitigen können, sondern auch im Zusammenhang mit bestehenden Angeboten eine Vielzahl an Daten generieren können (mitunter sogar im Kontext von „Big Data"), deren zielgerichtete Auswertung ungeahnte Potenziale im Insight Mining zum Resultat haben können. Dieser Perspektive widmet sich Abschn. 5.2 intensiv.

Literatur

Bailey, C. (2021). *Customer insight strategies: How to understand your audience and create remarkable marketing*. Kogan Page.

BCG. (2023a). *Customer insights*. https://www.bcg.com/capabilities/customer-insights/overview. Zugegriffen am 25.01.2023.

BCG. (2023b). *Business model innovation.* https://www.bcg.com/capabilities/innovation-strategy-delivery/business-model-innovation. Zugegriffen am 10.02.2023.

Einhorn, M., & Löffler, M. (2021). Transformation of customer insights. In M. Einhorn, M. Löffler, E. de Bells, A. Hermann, & P. Burghartz (Hrsg.), *The machine age of customer insight* (S. 5–18). Emerald Publishing.

Föll, K. (2007). *Consumer Insights: Emotionspsychologische Fundierung und praktische Anleitung zur Kommunikationsentwicklung.* Deutscher Universitäts-Verlag.

Gassmann, O., Frankenberger, K., & Csik, M. (2011). *Geschäftsmodelle entwickeln: 55 innovative Konzepte mit dem St. Galler Business Model Navigator.* Hanser.

HPI. (2023). *Studium: Design thinking.* https://hpi.de/studium/design-thinking.html. Zugegriffen am 09.02.2023.

Lewrick, M., Link, P., & Leifer, L. (2018). *Das Design Thinking Playbook: Mit traditionellen, aktuellen und zukünftigen Erfolgsfaktoren* (2. Aufl.). Wiley.

Osann, I., Mayer, L., & Wiele, I. (2020). *Design Thinking Schnellstart: Kreative Workshops gestalten.* Hanser.

Pätzmann, J. U., & Adamczyk, Y. (2020). *Customer Insights mit Archetypen: Wie Sie mit archetypischen Metaphern Zielgruppen besser definieren und verstehen können.* Springer Gabler.

Pätzmann, J. U., & Hartwig, J. (2018). *Markenführung mit Archetypen: Von Helden und Zerstörern: ein neues archetypisches Modell für das Markenmanagement.* Springer Gabler.

Riekhof, H.-C. (2010). *Customer Insights: Wissen wie der Kunde tickt.* Gabler.

Yin, R. K. (2009). *Case study research: Design & methods* (5. Aufl.). Sage Publications Inc.

Modelle des Konsumentenverhaltens

3

In diesem stark theoretisch ausgerichteten Kapitel stelle ich eine Reihe von Modellen zur Beschreibung des Konsumentenverhaltens vor. Modelle sind wichtig für uns, da sie die Wirklichkeit vereinfacht abbilden und uns helfen, auch komplizierte Sachverhalte in Zusammenhang mit Kunden und deren Verhalten zu erschließen. Ich beginne das Kapitel mit einer Auseinandersetzung mit dem Begriff des Konsums und des Konsumentenverhaltens (Abschn. 3.1), bevor ich auf ausgewählte Grundlagen zur Modelltheorie eingehe (Abschn. 3.2). Der Schwerpunkt des Kapitels liegt auf der Vorstellung von unterschiedlichen Modellen des Konsumentenverhaltens. Dabei gehe ich auf die klassischen SR- und SOR-Modelle ebenso ein wie auf Partial- und Totalmodelle. Auf diesen klassischen Modellen aufbauend stelle ich neue Modelle des Konsumentenverhaltens vor, die insbesondere die aus der Digitalisierung resultierenden Auswirkungen auf den Konsumprozess reflektieren (Abschn. 3.3).

3.1 Kauf, Konsum und Konsumverhalten

3.1.1 Kauf und Konsum

Die Merkmale eines Kaufs sind in § 433 BGB (Vertragstypische Pflichten beim Kaufvertrag) festgehalten: Bei einem Kauf erfolgt ein freiwilliger Austausch einer Sache gegen einen vereinbarten Kaufpreis. Der Verkäufer hat bei einem Kauf die Aufgabe, dem Käufer die Sache zu übergeben und ihm das Eigentum an der Sache zu verschaffen. Der Käufer verpflichtet sich zur Zahlung des Kaufpreises sowie zur Abnahme der Sache. Bei Käufer und Verkäufer kann es sich um privatwirtschaftliche oder öffentliche Organisationen sowie um Endverbraucher handeln.

© Der/die Autor(en), exklusiv lizenziert an Springer Fachmedien Wiesbaden GmbH, ein Teil von Springer Nature 2024
J. Rashedi, *Customer Insights*, https://doi.org/10.1007/978-3-658-43392-5_3

Dem Begriff des Kaufs sehr ähnlich ist der Konsumbegriff. Dieser umfasst das, „was Konsumenten während des Erwerbs, des Ge- und Verbrauches und der Entsorgung von Gütern und Dienstleistungen erleben und wie sie sich dabei verhalten […]" (Poppe & Gampfer, 2022, S. 22). An dieser Definition wollen auch wir uns orientieren: Konsum bezieht sich also auf das Erleben und das Verhalten von Menschen entlang des gesamten Lebenszyklus von Produkten oder Dienstleistungen.

In der Folge wird häufiger auf den Konsum- und auch auf den Kaufbegriff referenziert. Den Konsumbegriff erachte ich als umfassender als den Kaufbegriff, da es sich beispielsweise nicht nur auf den Kauf von Sachen, sondern auch auf den Erwerb von Dienstleistungen oder den Erwerb eines Streaming-Abonnements bezieht.

3.1.2   Bedeutung des Konsumverhaltens für Unternehmen

In der Betriebswirtschaftslehre ist man bestrebt, das Kauf- und Konsumverhalten eines Akteurs zu erklären und zu verstehen. Unter dem Kaufverhalten bzw. dem Konsumverhalten wollen wir in der Folge sowohl das sichtbare Verhalten als auch die nicht sichtbaren Vorgänge im Inneren des Käufers beim Kauf einer Sache verstehen. Dieses Verständnis ist relevant, um beispielsweise Erkenntnisse zur zielorientierten Gestaltung des Kaufprozesses zu gewinnen. Im Kern geht es also darum, die typischen W-Fragen (wer, was, wann, warum und wie) zu beantworten, indem die in einem Menschen ablaufenden Prozesse sowie die auf die Konsumentscheidung wirkenden Einflussfaktoren verstanden werden. Dazu zählen neben äußeren, vom Unternehmen nicht beeinflussbaren Faktoren auch die Marketingmaßnahmen von Unternehmen. In der Literatur werden zwei grundsätzlich unterschiedliche Ansätze in Zusammenhang mit der Konsumentenverhaltensforschung betrachtet: der positivistische Ansatz und der verstehende Ansatz. Die Ansätze unterscheiden sich sowohl im Hinblick auf die eingesetzten Methoden als auch bezüglich der Zielsetzung. Der positivistische Ansatz verfolgt die Zielsetzung, konkrete, anwendbare Strategien und Lösungen zu entwickeln. Der verstehende Ansatz lehnt die Nutzung von Erkenntnissen zur Erhöhung des Profits grundsätzlich ab (vgl. Gröppel-Klein, 2020, S. 406).

Aus betriebswirtschaftlicher Sicht existiert eine Reihe von Gründen, die eine Auseinandersetzung mit dem Kauf- und Konsumverhalten sinnvoll erscheinen lassen, wenn nicht gar unumgänglich machen.

Übergang vom Verkäufer- zum Käufermarkt in vielen Industrien
Einen ersten Grund stellt der Übergang vom Verkäufermarkt zum Käufermarkt dar. Ein Verkäufermarkt ist durch einen Nachfrageüberhang gekennzeichnet, d. h., die Nachfrage ist größer als das Angebot an Produkten und Dienstleistungen. Dies versetzt den Verkäufer in eine günstige Situation, die er beispielsweise durch hohe Preise nutzen kann. Einen Verkäufermarkt gab es in Deutschland nach dem Zweiten Weltkrieg, da sehr viele Produktionsstätten zerstört waren und erst langsam wieder aufgebaut werden konnten. Der Schwerpunkt der Unternehmenstätigkeit lag in der Beschaffung der Rohstoffe sowie der Produktion. Inzwischen haben sich die meisten Märkte von Verkäufermärkten zu Käufermärkten entwickelt. Diese sind durch einen Angebotsüberhang gekennzeichnet, d. h., es existieren viel mehr Produkte und Dienstleistungen, als nachgefragt werden. Die Folgen sind ein Wettbewerb zwischen den Unternehmen und eine Verschiebung des Schwerpunkts von Beschaffung und Produktion zu Marketing und Vertrieb. Im Kontext von Marketing und Vertrieb ist die Kenntnis von Bestimmungsfaktoren des Kaufverhaltens und des Ablaufs von Kaufprozessen von grundlegender Bedeutung, um den Konsumenten verstehen, das eigene Handeln darauf ausrichten zu können und damit im Wettbewerb zu bestehen und das langfristige Überleben des Unternehmens sicherzustellen (vgl. Kreutzer, 2022, S. 6).

Zunehmende Homogenität von Produkten
Die zunehmende Homogenität von Produkten stellt einen zweiten Grund für die Auseinandersetzung mit dem Kaufverhalten dar. Gemeint ist damit, dass die Produkte der Anbieter immer ähnlicher und wenig unterscheidbarer werden: Inzwischen versuchen die meisten Automobilhersteller, eine Modellpalette vom Kleinwagen bis zum Luxussportwagen anzubieten, im Supermarkt finden sich Dutzende unterschiedliche Zahncrememarken, die sich letztendlich für den Käufer nur durch die Verpackung unterscheiden – weiße Zähne und reinigen können sie alle. Wenn aber Produkte immer ähnlicher werden, dann gewinnt das „Drumherum" an Bedeutung, d. h. Aspekte wie produktbegleitende Dienstleistungen oder das Einkaufserlebnis für den Kunden. Um aber das „Drumherum" gestalten zu können, ist wiederum das Verständnis des Kunden elementar.

(Zunehmende) Verfügbarkeit von Daten
Die zunehmende Verfügbarkeit (digitaler) Daten in Verbindung mit fortgeschrittenen Analysemethoden stellt aus meiner Sicht den dritten und wichtigsten Grund dar. So können wir aktuell feststellen, dass immer mehr Daten über Kunden gewonnen werden können. Dies ist beispielsweise darauf zurückzuführen, dass immer mehr messbare Touchpoints des Kunden mit dem Unternehmen entstehen,

an denen das Unternehmen Daten generieren kann. Dies gilt nicht nur für den Online-Bereich, wo inzwischen zahlreiche Möglichkeiten zur Gewinnung unterschiedlicher Daten über den Kunden bestehen, sondern auch für den Offline-Bereich (z. B. Sammlung von Einkaufsdaten über eine Kundenkarte oder Endgeräte-Erkennung am Point-of-Sale …). Natürlich sehen wir aktuell auch Entwicklungen insbesondere rechtlicher und technologischer Natur, die die Nutzbarkeit von Daten einschränken (z. B. Entwicklungen in Zusammenhang mit der Einschränkung von Cookies). In Summe gesehen nimmt aus meiner Sicht der Umfang an verfügbaren Daten aber eindeutig zu. Gleichzeitig stellt es eine Herausforderung dar, die „richtigen" Daten zu finden und diese miteinander zu verknüpfen, denn nur so können wirkliche Erkenntnisse gewonnen werden. Und auch in diesem Bereich spielen uns mehrere Entwicklungen in die Karten: Ich meine hier beispielsweise Big Data Analytics oder auch der Nutzung von künstlicher Intelligenz bei der Analyse. Ein entscheidender Einflussfaktor in diesem Kontext ist auch, dass die Hürden für einen Einstieg in die Datenanalyse für Unternehmen deutlich geringer geworden sind. Dies ist zum Teil auf die digitalen Daten zurückzuführen, die bereits in einer Form vorliegen, in der sie in großem Umfang leicht ausgewertet werden können. Hinzu kommen zahlreiche kommerzielle und auch frei verfügbare Tools unterschiedlicher Anbieter, die bei der Durchführung fortgeschrittener Analysemethoden hervorragend unterstützen können.

Es liegt also insgesamt eine Situation vor, in der zum einen mehr Daten zur Verfügung stehen und wir zum anderen mit einem tendenziell geringeren Aufwand als noch vor einigen Jahren Informationen und Erkenntnisse aus diesen Daten gewinnen können. Wenn ich von einem „tendenziell geringeren" Aufwand spreche, dann soll das keineswegs bedeuten, dass Datenanalyse heutzutage eine triviale Aufgabe ist. Gerade wenn es mein Ziel ist, ein ganzheitliches Bild über den Kunden aufzubauen, muss ich Daten aus unterschiedlichen Quellen zusammenführen. Außerdem besitzen die Daten viel mehr Attribute. Mehr Daten und mehr Attribute bedeuten aber auch mehr Aufwand für die Bereinigung und die Aufbereitung der Daten. Wenn ich also z. B. Webtracking-Daten mit CRM-Daten und Newsletterdaten kombinieren möchte, dann bedeutet dies Aufwand. Aber: Im Vergleich zu vor ein paar Jahren hat sich der Aufwand beispielsweise durch den Einsatz von Tools und einfacher zu bedienenden Schnittstellen doch reduziert.

Insofern liegt die Entscheidung, ob wir diese Daten nutzen wollen, bei uns. Die Entscheidung ist aber nur auf den ersten Blick eine wirkliche Wahlmöglichkeit. Auf den zweiten Blick wird schnell deutlich, dass eine Notwendigkeit zur Nutzung dieser Daten besteht: Falls wir die Daten nicht nutzen, macht es die Konkurrenz. Wir können also, etwas überspitzt formuliert, letztlich nur entscheiden, ob wir die Wettbewerbsvorteile zuerst nutzen oder sie der Konkurrenz überlassen.

3.1.3 Arten von Konsumentscheidungen

Um das Konsumentenverhalten zu verstehen, möchte ich mich in einem ersten Schritt mit unterschiedlichen Arten von Konsumentscheidungen auseinandersetzen. Denn für eine Analyse des Konsumentenverhaltens kann es notwendig sein, den Antrieb bzw. die Motivation des Konsumenten zu kennen und zu berücksichtigen.

Tab. 3.1 zeigt unterschiedliche Arten von Kaufentscheidungen eines privaten Konsumenten (Endverbrauchers) in Abhängigkeit vom Ausmaß des Involvements. Der Begriff Involvement, auch als Ich-Beteiligung bezeichnet, beschreibt die von einer Person subjektiv empfundene Wichtigkeit eines Verhaltens. Je stärker eine Person involviert ist, desto höher ist die Intensität des kognitiven und/oder emotionalen Engagements dieser Person im Rahmen einer Kaufentscheidung. Die Höhe des Involvements beeinflusst maßgeblich die Verarbeitung von Informationen durch diese Person, sowohl im Hinblick auf die Art der Informationsverarbeitung als auch bzgl. der Tiefe der Informationsverarbeitung (vgl. Meffert et al., 2019, S. 97–100; Homburg, 2020, S. 39 f.). In den Innenfeldern der Tabelle sind die vier möglichen Arten der Kaufentscheidung bei jeweils geringem bzw. hohem kognitiven sowie emotionalen Involvement abgebildet.

Bei der extensiven Kaufentscheidung wird von einem hohen kognitiven sowie einem hohen emotionalen Involvement ausgegangen (vgl. hier und im Folgenden Redler & Ullrich, 2021, S. 38–40; Homburg, 2020, S. 114 f.; Kunisch et al., 2020). Diese Art der Kaufentscheidung kommt am wenigsten häufig vor, da ein hohes kognitives und gleichzeitig emotionales Involvement nur bei Produkten auftritt, die entweder innovativ, neu oder für den Konsumenten langfristig relevant sind. Der extensive Kauf erfordert ein hohes Maß an Informationen für die Entscheidungsfindung, was einen hohen Zeitbedarf bis zur Entscheidungsfindung impliziert. Charakteristisch für die extensive Kaufentscheidung ist, dass der Konsument mehrere Alternativen miteinander vergleicht und diese anhand aufgestellter Kriterien beurteilt. Beispiele für extensive Kaufentscheidungen sind beispielsweise der Kauf eines Fahrzeugs, eines Kunstobjektes oder einer Immobilie.

Tab. 3.1 Arten von Kaufentscheidungen. (Quelle: In Anlehnung an Homburg, 2020, S. 114)

Arten von Kaufentscheidungen		Ausmaß kognitives Involvement	
		Niedrig	Hoch
Ausmaß emotionales Involvement	**Niedrig**	Habitualisierte Kaufentscheidung	Limitierte Kaufentscheidung
	Hoch	Impulsive Kaufentscheidung	Extensive Kaufentscheidung

Die limitierte Kaufentscheidung ist ebenfalls durch ein hohes Maß an kognitivem Involvement, aber ein nur geringes emotionales Involvement gekennzeichnet. Es handelt sich hierbei um Produktkäufe, bei denen der funktionale Nutzen des Produktes im Vordergrund steht. Entscheidungen werden daher ausschließlich auf Basis objektiver Informationen getroffen, Emotionen spielen bei der Kaufentscheidung keine Rolle. Typische Beispiele für limitierte (also primär rationale) Kaufentscheidungen sind der Kauf eines Versicherungsproduktes oder eines Schimmelentferners für den Haushalt.

Liegen sowohl ein niedriges emotionales als auch ein niedriges kognitives Involvement vor, so wird von einer habitualisierten Kaufentscheidung gesprochen. Dieser Entscheidungstypus wird auch als Gewohnheitsentscheidung bezeichnet, da er auf festen Verhaltensmustern beruht. Diese Muster bestehen entweder auf Basis eigener Erfahrung oder sind das Spiegelbild einer durch das Umfeld hervorgerufenen sozialen Prägung. Durch die Erfahrungen oder die Sozialisation sieht der Konsument in der Kaufentscheidung kaum Risiken, sodass das kognitive Element letztendlich keine Rolle spielt. Beispiele für habitualisierte Kaufentscheidungen sind Einkäufe aufgrund von Markentreue wie beispielsweise Pflegeprodukte oder Kaffee.

Impulsive Entscheidungen stellen die vierte Variante von Kaufentscheidungen dar. Sie sind das Ergebnis einer externen Stimulation, womit ein hohes Ausmaß an emotionalen Reaktionen, aber eine nur geringe kognitive Beteiligung einhergeht. Beeinflusst werden impulsive Kaufentscheidungen insbesondere durch Persönlichkeitseigenschaften wie mangelnde Selbstkontrolle, Motive, Stimmungslagen oder vorhandene Ressourcen. Auch unternehmensseitige Marketingstimuli sind dazu geeignet, impulsive Kaufentscheidungen auszulösen. Auch bei den impulsiven Entscheidungen geht der Konsument nicht von Risiken aus. Beispiele für diese Art der Kaufentscheidung sind Bekleidung, Blumen oder Süßigkeiten.

3.2   Modelle in der BWL

Zum besseren Verständnis und zur Veranschaulichung des Konsumentenverhaltens wollen wir in der Folge Modelle nutzen. In diesem Abschnitt gehe ich prägnant auf den Modellbegriff sowie die Merkmale und die Eigenschaften von Modellen als Voraussetzung und Grundlage für die Arbeit mit Modellen ein.

3.2.1   Merkmale von Modellen

Zur Erklärung und zum Verständnis des Kaufverhaltens werden in der Betriebswirtschaftslehre Modelle verwendet. Unter einem Modell können wir nach Stachowiak (1973, S. 129) die „Repräsentation eines bestimmten Originals" im Sinne einer Abbildung oder eines Vorbildes verstehen.

Etwas anschaulicher formuliert bedeutet dies, dass Modelle etwas aus der Wirklichkeit abbilden. Nutzen können wir Modelle, um beispielsweise etwas zu veranschaulichen. Dabei kann es sich etwa um Sachverhalte handeln, die in der realen Welt nicht umsetzbar sind. Denken wir z. B. an ein Modell von einem Fahrzeug, an dem Crashtests durchgeführt werden.

Damit es sich bei einem Abbild der Realität um ein Modell handelt, müssen die drei folgenden Eigenschaften vorliegen:

1. das Abbildungsmerkmal,
2. das Verkürzungsmerkmal sowie
3. das Pragmatismusmerkmal.

Das Abbildungsmerkmal bezieht sich auf den Umstand, dass ein Modell bestimmte Eigenschaften des Originals verkörpern und abbilden muss. Dies kann sich z. B. auf die Struktur beziehen, dass das Original und das Modell also die gleiche Grundstruktur aufweisen. Das Verkürzungsmerkmal stellt eine zweite Eigenschaft eines Modells dar. Gemeint ist damit, dass ein Modell nicht alle Merkmale des Originals verkörpert, sondern nur diejenigen Eigenschaften, die für den Nutzer des Modells relevant sind. Das letzte Merkmal ist das Pragmatismusmerkmal. Darunter wird verstanden, dass ein Modell immer

1. für einen bestimmten Personenkreis und damit auch für einen bestimmten Zweck Nutzen stiftet,
2. für bestimmte Zeiträume und
3. zu ganz bestimmten Zwecken genutzt wird (vgl. Stachowiak, 1973, S. 131–133).

Beispiel: Die Kundenreise (Customer Journey)

Um das Verhalten von Kunden verstehen und analysieren zu können, bedient man sich im Marketing gerne der sogenannten Kundenreise. Hierbei handelt es sich um ein Modell, das den Weg des Kunden vom Erstkontakt mit dem Unternehmen bis hin zu einer im Vorfeld definierten Aktion des Kunden wie z. B. einem Kauf oder der Registrierung für einen Newsletter in einer linearen Abfolge von Einzelschritten beschreibt. Zentraler Aspekt des Modells ist dabei die möglichst vollständige Erfassung aller Kontaktpunkte des Kunden mit dem Unternehmen, der Marke, den Produkten, den Mitarbeitern etc. Kundenreisen werden in der Regel in Phasen unterteilt und grafisch anschaulich und gut nachvollziehbar visualisiert (vgl. Lemon & Verhoef, 2016, S. 74–78).

Dass es sich bei der Kundenreise wirklich um ein Modell handelt, können wir anhand der drei Anforderungen an ein Modell nachvollziehen:

1. **Abbildungsmerkmal:** Die Kundenreise zeichnet den tatsächlichen Weg des Kunden nach, wodurch eine Strukturgleichheit besteht.
2. **Verkürzungsmerkmal:** Die Kundenreise kann niemals alle in der Realität auftretenden Kontakte mit der Marke umfassen. Beispielsweise wird das Modell nicht den zufälligen Kontakt des Kunden mit einem Werbeplakat des Unternehmens in der Innenstadt nachvollziehen können,
3. **Pragmatismusmerkmal:** Die Kundenreise ist spezifisch auf das Informationsbedürfnis des Marketers zugeschnitten. Es besitzt auch immer nur für einen bestimmten Zeitraum Gültigkeit, weil z. B. durch neue Technologien neue Kommunikationsmittel entstehen (z. B. Voice Assistants wie SIRI, Alexa oder Google) oder aber die grundsätzliche Struktur des Modells überarbeitet wird (siehe hierzu beispielsweise den Ansatz des Beratungsunternehmens McKinsey, das durch das Aufkommen von digitalen Medien eine deutliche Veränderung der klassischen Kundenreise sieht, vgl. Court et al., 2009, S. 44 f.). ◀

Wenn wir selbst Modelle erstellen, müssen wir drei Punkte berücksichtigen (vgl. Kistner & Steven, 2013, S. 44 f.):

1. **Aggregation:** Bei einem Modell werden einzelne Teilaspekte des abzubildenden Objekts zu einem übergeordneten Aspekt verdichtet.
2. **Abstraktion:** Abstraktion bedeutet, dass manche Teilaspekte des abzubildenden Objekts in den Vordergrund gestellt und andere Teilaspekte vollständig vernachlässigt werden.
3. **Bildung von Schnittstellen:** Bei einem Modell werden nur ausgewählte Beziehungen zur Umwelt betrachtet. Um dennoch Einflussfaktoren berücksichtigen zu können, wird z. B. davon ausgegangen, dass sich die Einflussfaktoren für den Untersuchungszeitraum nicht verändern.

3.2.2 Funktion von Modellen

Modelle, so wissen wir bereits, dienen immer einem gewissen Zweck. Doch für welche Zwecke setzen wir nun Modelle konkret ein? Ein erster Modellzweck ist die Visualisierung von Sachverhalten. Sachverhalte können durch Sprache allein manchmal sehr schwer verständlich ausgedrückt werden. Ein Modell kann bei der Veranschaulichung helfen, getreu dem Motto „ein Modell sagt mehr als 1000 Worte". Zweitens kann ein Modell auch genutzt werden, um Sachverhalte zu erklären. Drittens kann es dabei helfen, zu verstehen, wie sich ein Objekt verhält und welches Verhalten es beim Eintreten spezifischer Ereignisse zeigen wird. Beispielsweise kann ein Crashtest-Dummy helfen, zu verstehen, welche möglichen Auswirkungen ein Unfall auf den menschlichen Körper besitzt und welche Verletzungen bei einer gewissen Art von Unfall wahrscheinlich sind. Viertens kann ein Modell auch dabei unterstützen, Verbesserungen einer Situation oder eines Objekts herbeizuführen. Ein Crashtest-Dummy kann also dabei helfen, Fahrzeuge so zu konstruieren, dass der Mensch bei Unfällen möglichst wenig Schaden nimmt (vgl. Dangelmaier, 2017, S. 3–5).

Zusammenfassend können wir Modelle also nutzen, um (vgl. Dangelmaier, 2017, S. 3–5):

- Sachverhalte zu visualisieren,
- Sachverhalte zu erklären,
- das Verhalten von Objekten zu verstehen und vorherzusagen sowie
- Objekte oder Situationen zu verbessern.

Zu beachten ist aber auch, dass Modelle die richtige Größe aufweisen müssen, damit ein Nutzer hilfreiche Erkenntnisse gewinnen kann: Ist ein Modell zu klein, so ist seine Aussagekraft sehr stark limitiert, da z. B. sehr viele Zusammenhänge nicht abgebildet sind. Ist ein Modell zu groß und zu umfangreich, dauert es sehr lange, das Modell zu verstehen, und es ist schwierig, nachzuvollziehen, wie das Modell funktioniert. Auch in diesem Fall ist es schwierig, am Modell zu lernen.

3.2.3 Mehrwerte von Modellen des Konsumverhaltens

Wir haben gelernt, dass Modelle unterschiedliche Funktionen bzw. Aufgaben übernehmen können. Dies gilt natürlich auch für Modelle des Konsumentenverhaltens. Konsumentenverhaltensmodelle sollen unter Spezifizierung der in Abschn. 3.2.1 genannten Kriterien dabei unterstützen (vgl. Poppe & Gampfer, 2022, S. 24 f.; Kroeber-Riel & Gröppel-Klein, 2019, S. 10),

- den Konsum eines Akteurs bzw. den Kaufprozess anschaulich darzustellen bzw. zu visualisieren,

- den Konsum eines Akteurs zu verstehen, also z. B. zu verstehen, warum sich der Käufer in einer gegebenen Situation für das Produkt A und nicht für das Produkt B entschieden hat, und
- Ansatzpunkte und Handlungsempfehlungen zu erarbeiten, wie der Konsum einer Leistung angeregt werden kann.

Etwas spezifischer kann man auch sagen, dass Modelle des Konsumentenverhaltens Antworten auf folgende Fragen liefern sollen (vgl. Walsh et al., 2020, S. 48):

- Wer konsumiert? (Zielgruppe)
- Was wird konsumiert? (Kaufobjekt)
- Warum wird etwas konsumiert? (Motiv)
- Wie wird etwas konsumiert? (Kaufprozess)
- Wann wird konsumiert? (Zeitpunkt)
- Wo wird konsumiert? (Ort)

3.3   Arten von Modellen des Kaufverhaltens

Bei Modellen kann zunächst zwischen SR- und SOR-Modellen differenziert werden. SR-Modelle, auch als Black-Box-Modelle bezeichnet, fußen auf dem Behaviorismus. Sie versuchen, das Verhalten von Konsumenten basierend auf der Prämisse zu erklären, dass beobachtbare und messbare Reize (= S, Stimuli) bei einer Person unmittelbar eine Reaktion (= R, Response) hervorrufen. Im Gegensatz dazu versuchen SOR-Modelle, nicht nur den Reiz und die Reaktion zu erfassen, sondern auch die dazwischen liegenden Vorgänge zu beschreiben und zu erklären (vgl. Walsh et al., 2020, S. 50). SOR-Modelle können wiederum in Totalmodelle und Partialmodelle unterschieden werden. Die beiden Modellarten unterscheiden sich im Hinblick auf den abgebildeten Sachumfang sowie den Grad der Aggregation. So ist ein Totalmodell darauf ausgerichtet, einen bestimmten Sachverhalt umfassend darzustellen. Totalmodelle sind tendenziell abstrakt und komplex, da viele Faktoren betrachtet werden. Ein Partialmodell hingegen soll lediglich Teilaspekte des Sachverhaltes darstellen. Da Partialmodelle nur einen sehr kleinen Ausschnitt abbilden, sind sie in der Regel sehr detailliert (vgl. Kistner & Steven, 2013, S. 45 f.).

Bei den Totalmodellen lassen sich wiederum zwei Arten unterscheiden: Strukturmodelle und Prozessmodelle. Strukturmodelle haben die Aufgabe, die Beziehung zwischen den einzelnen Variablen eines Modells zu erklären. Prozessmodelle als zweite Variante unterteilen einen Sachverhalt bzw. einen Vorgang in Abhängigkeit vom Zeitablauf in mehrere Schritte oder Phasen (vgl. Meffert et al., 2019, S. 122 u. 124; Walsh et al., 2020, S. 50). Bezieht man die beiden Modelltypen auf das Konsumverhalten, so sind Strukturmodelle des Kaufverhaltens dazu geeignet, das Zustandekommen des Konsums eines Individuums zu erklären, indem die für den Konsum relevanten Faktoren sowie deren Beziehungen zueinander identifiziert werden. Prozessmodelle des Konsumverhaltens beschreiben den Kaufprozess entlang mehrerer Phasen, wobei auch die Phasen vor und nach dem eigentlichen Konsum berücksichtigt werden (vgl. Meffert et al., 2019, S. 122 u. 124).

Festzuhalten ist an dieser Stelle, dass Zusammenhänge zwischen den einzelnen Modelltypen bestehen. Diese werdet ihr auch bei der Vorstellung von Beispielen zu den einzelnen Modellarten feststellen. Beispielsweise stellt das unter SOR-Modellen (Abschn. 3.3.2) vorgestellte Modell gleichzeitig ein Partialmodell dar, da es sich bei einem SOR-Modell immer entweder um ein Partial- oder um ein Totalmodell handelt.

3.3.1 SR-Modelle

Die ersten Modelle zur Erklärung des Konsumentenverhaltens waren sehr einfach gehalten. Die Rede ist von sogenannten Stimulus-Response-Modellen (SR-Modelle). Diese Modelle gehen davon aus, dass Reize wie z. B. marketingbezogene Maßnahmen (= Stimulus) direkt wahrnehmbare Reaktionen beim Konsumenten auslösen (= Response). Sämtliche Prozesse, die im Inneren des Konsumenten stattfinden, bleiben bei dieser Art von Modellen unberücksichtigt (vgl. Walsh et al., 2020, S. 50).

Lasst uns diesen einfachen Modell-Typus mit Hilfe eines Webseitenbesuchers unseres Onlineshops veranschaulichen: Der Besucher sieht auf der Webseite unseres Shops einen durchgestrichenen Preis für ein Parfumprodukt und einen um 20 % niedrigeren, neuen Preis, der in Rot daneben steht. Ausgelöst durch diesen visuellen Reiz klickt der Kunde auf das Parfum, legt es in seinen virtuellen Warenkorb und erwirbt es.

Wie an unserem Beispiel zu erkennen ist, beschreibt das Modell zwar den Reiz und die Reaktion, nicht aber die im Inneren des Konsumenten ablaufenden Prozesse zwischen der Wahrnehmung des Reizes und der Reaktion. Deshalb wird diese Art von Modellen auch als Black-Box-Modell bezeichnet.

Ein weiteres Beispiel für ein SR-Modell ist das Markov-Modell, auch als Fluktuationsmodell bezeichnet. Das Markov-Modell kommt nicht nur in Zusammenhang mit dem Kaufverhalten zum Einsatz, sondern kann immer dann angewendet werden, wenn ein System sich zufällig verändert und zugleich der Zu-

stand des Systems in einem Betrachtungszeitraum nicht vom Zustand im vorangegangenen Betrachtungszeitraum abhängt. Über das Markov-Modell können
sowohl die unterschiedlichen Zustände des Systems als auch die Übergänge zwischen den Systemzuständen sowie die Wahrscheinlichkeiten für einen Systemüber-
gang modelliert werden (vgl. ComputerWeekly, 2021).

In Zusammenhang mit dem Konsumentenverhalten können über das Markov-
Modell häufig wiederkehrende Kaufentscheidungen analysiert werden, also beispielsweise die Markenwahl von Konsumenten über einen längeren Zeitraum. Ausgegangen wird dabei von empirischen Untersuchungen zum Markenwahlverhalten
von Konsumenten, die Aussagen zu den verfügbaren Marken und der Markenwahl
von Konsumenten in mehreren Betrachtungsperioden umfassen. Basierend auf den
Erkenntnissen zum Wechsel der Marke am Ende eines Betrachtungszeitraums können die Übergangswahrscheinlichkeiten zwischen den einzelnen Marken anhand
einer Fluktuationsmatrix dargestellt werden. Gleichzeitig können aus der
Fluktuationsmatrix die Loyalitäten zu den einzelnen Marken abgeleitet werden. Ist
bei der Analyse der Marktanteile zu erkennen, dass deutliche Verschiebungen zwischen den Marken stattfinden, so tritt die Frage nach der Entwicklung der Marktanteile in künftigen Perioden auf, also beispielsweise, ob eine Marke mittelfristig
den Markt dominieren oder sehr viele Marktanteile verlieren wird. Über das Markov-Modell lassen sich nun die Marktanteile der einzelnen Marken im Gleich-
gewicht ermitteln. Der Mehrwert dieses Modells liegt in dem Umstand, dass die
Marktanteile für eine Marke, basierend auf dem Verhalten des einzelnen Marktteil-
nehmers, leicht vorhergesagt werden können. Allerdings mangelt es dem Modell
an verhaltenswissenschaftlicher Fundierung, da z. B. ein Lernen des Konsumenten
nicht betrachtet wird (vgl. Homburg, 2020, S. 116–119).

Bewertung SR-Modelle
SR-Modelle stellen eine sehr stark vereinfachte Abbildung der Realität dar. Sie
können genutzt werden, um Beobachtungen im Hinblick auf potenzielle Auslöser
und mögliche Reaktionen zu systematisieren. Allerdings wird heutzutage niemand
bestreiten, dass die Reaktionen auf Reize nicht auch von individuellen Faktoren
abhängen, die im Modell jedoch keine Berücksichtigung finden.

3.3.2 SOR-Modelle

Im Gegensatz zu den SR-Modellen betrachten die auf dem Neobehaviorismus be-
ruhenden SOR-Modelle auch die in einer Person ablaufenden psychischen Prozesse. Konkret gehen diese Modelle davon aus, dass ein von außen einwirkender

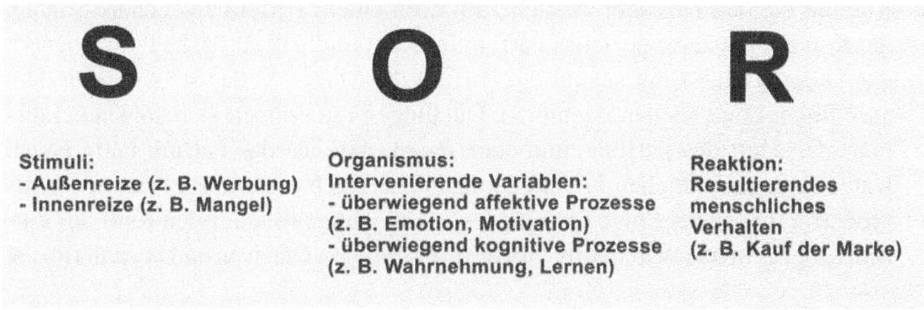

S   O   R

Stimuli:
- Außenreize (z. B. Werbung)
- Innenreize (z. B. Mangel)

Organismus:
Intervenierende Variablen:
- überwiegend affektive Prozesse
(z. B. Emotion, Motivation)
- überwiegend kognitive Prozesse
(z. B. Wahrnehmung, Lernen)

Reaktion:
Resultierendes
menschliches
Verhalten
(z. B. Kauf der Marke)

Abb. 3.1 SOR-Paradigma am Beispiel Markenwirkung. (Quelle: Gröppel-Klein & Spilski, 2019, S. 46)

Reiz oder ein Innenreiz in einem Organismus (= O) eine Reihe von Vorgängen auslöst, die jedoch nicht zu beobachten sind. Die Reize sowie die im Organismus ablaufenden Prozesse lösen in der Folge zusammen eine Reaktion aus, die beobachtbar ist. Wie bereits angesprochen, lassen sich die SOR-Modelle in Total- und Partialmodelle differenzieren (vgl. hier und im Folgenden Gröppel-Klein & Spilski, 2019, S. 45–47).

Abb. 3.1 zeigt ein solches Partialmodell, das sich auf die Wirkung von Marken bezieht. Konkret beschreibt das Modell, welche Vorgänge in einem Menschen ablaufen, wenn er mit einem Markenartikel konfrontiert wird, und was das Resultat der ablaufenden Vorgänge ist, also z. B. Kauf oder Nichtkauf des Markenartikels. Das Modell geht davon aus, dass der Mensch einem Reiz ausgesetzt ist, beispielsweise einem Markenartikel. Der Reiz kann sich aber auch z. B. auf markenbezogene Marketingmaßnahmen beziehen. Das Modell differenziert weiterhin die im Organismus ablaufenden Vorgänge in zwei unterschiedliche Arten von Prozessen: überwiegend affektive Prozesse sowie überwiegend kognitive Prozesse. Die überwiegend affektiven Prozesse stellen die Antriebskräfte des Menschen dar, die u. a. emotionale und motivationale Vorgänge im Menschen auslösen. Die überwiegend kognitiven Prozesse sind das Resultat einer Informationsverarbeitung durch den Menschen, bei der aus der Umwelt aufgenommene Informationen mit gespeicherten Informationen verknüpft werden. Hieraus resultiert etwa praktisches Erfahrungswissen über eine Marke. In der Folge entsteht eine beobachtbare Reaktion wie etwa der Kauf oder Nichtkauf eines Markenartikels.

Beispiel: SOR-Modell

Charakteristisches Merkmal von SOR-Modellen sind die im Organismus ablaufenden Prozesse. Exemplarisch dargestellt werden kann das Modell an einer

Kundin, die den Fakeshop besucht, um nach einem Parfum zu suchen. Sophie, die Kundin, hat kein spezielles Parfum im Kopf und stöbert deshalb im Angebot des Shops. Dabei stößt sie auf ein Parfum der Marke X, das sie sofort an dem auffälligen Logo wiedererkennt (S). Die junge Frau erinnert sich an den herausragenden Duft des Parfums und auch daran, dass sie das Parfum beim ersten Date mit ihrem aktuellen Freund getragen hat. Auch er fand das Parfum damals großartig (O). In der Folge entscheidet sich die junge Frau für den Kauf des Parfums, legt es in den Warenkorb, gibt die notwendigen Daten an und bezahlt (R). ◄

Bewertung SOR-Modelle
Ebenso wie die SR-Modelle sind auch die SOR-Modelle sehr einfach und abstrakt formuliert. SOR-Modelle erlauben zwar grundsätzlich das Aufstellen von Hypothesen bzgl. Ursache und Wirkung, allerdings werden keine konkreten und durchgängigen kausalen Beziehungen zwischen den Komponenten Stimulus, Organismus und Reaktion hergestellt. Dies liegt u. a. daran, dass die intervenierenden Variablen nicht direkt gemessen werden können, sondern mit beobachtbaren Variablen wie z. B. einer Gefühlsäußerung in Verbindung gebracht werden müssen.

3.3.3 Partialmodelle des Kaufverhaltens

Bei den Partialmodellen werden unterschiedliche Varianten unterschieden, auf die an dieser Stelle jedoch nicht vollumfassend eingegangen wird. Differenziert wird zwischen einfachen und komplexeren Partialmodellen. Einfache Partialmodelle sind darauf ausgerichtet, die nicht beobachtbaren Beweggründe für Konsumentscheidungen zu identifizieren. Hierzu werden unterschiedliche Kriterien herangezogen wie beispielsweise aktivierende Determinanten oder individuelle Determinanten. Die einfachen Modelle erweitern die primär wirtschaftliche Ausrichtung des Marketings um Ansätze aus den Sozialwissenschaften wie beispielsweise der Psychologie oder der Soziologie. Bei den psychologischen Modellen werden beispielsweise aktivierende oder individuelle Determinanten betrachtet, wohingegen soziologische Modelle den Aspekt fokussieren, dass Kaufentscheidungen in der Regel nicht isoliert im Menschen entstehen, sondern durch das Umfeld beeinflusst werden (vgl. Pebels, 2012, S. 33). Ein Beispiel für ein psychologisches Modell stellt das in Abschn. 3.3.4.1 vorgestellte Modell dar. Soziologische Modelle untersuchen beispielsweise den Einfluss der Familie, der Peer-Group oder von Influencern auf die Konsumentscheidungen eines Menschen.
    Eine weitere Variante stellen komplexe Partialmodelle dar, die den Übergang zwischen den Partialmodellen und den Totalmodellen markieren. Komplexe

Partialmodelle berücksichtigen mehr als eine Variable, verfolgen jedoch nicht die Zielsetzung, alle Einflussfaktoren zu betrachten. Vielmehr sind diese Modelle darauf ausgerichtet, die in einem spezifischen Kontext besonders relevanten Variablen zu identifizieren und die damit in Zusammenhang stehenden Vorgänge zu beschreiben (vgl. Pebels, 2012, S. 34).

Ein Beispiel für ein komplexes Partialmodell stellen Meffert et al. (2019, S. 131) vor, indem sie aus einem größeren Modell zur Wirkung von Werbung einen Teilbereich herausschneiden. Über das Modell kann erklärt werden, wie sich das Ansehen einer Werbeanzeige im Internet auf die „Klickabsicht" eines Menschen auswirkt. Das Modell arbeitet mit unterschiedlichen Variablentypen, nämlich der unabhängigen Variable (hier: personalisierte Werbeanzeige) sowie der abhängigen Variable (hier: Klickabsicht des Menschen). Um die Wirkung einer Werbeanzeige auf die Klickabsicht zu beschreiben, nutzt das Modell intervenierende Variablen. Hierbei wird zwischen der sogenannten Mediatorvariable und der Moderatorvariable differenziert.

In dem in Abb. 3.2 dargestellten Modell fungiert die Mediatorvariable als Vermittler zwischen einer personalisierten Werbeanzeige und der Kaufabsicht. Das Modell geht also davon aus, dass der Konsument die Werbeanzeige in Abhängigkeit vom Grad der Personalisierung auf ihre Nützlichkeit hin bewertet. Je höher die Nützlichkeit durch den Rezipienten beurteilt wird, desto wahrscheinlicher ist es, dass der Kunde die Werbeanzeige klickt. Die Moderatorvariable ist in dem Modell dafür verantwortlich, wie stark und in welcher Form die personalisierte Werbeanzeige auf die Klickabsicht wirkt. Das Modell geht davon aus, dass in diesem Fall das Vertrauen des Rezipienten in den Urheber der Werbeanzeige die Wirkung der persönlichen Werbeanzeige auf die Klickabsicht moderiert. Konkret bedeutet das, je stärker das Vertrauen gegenüber dem werbenden Unternehmen ausgeprägt ist,

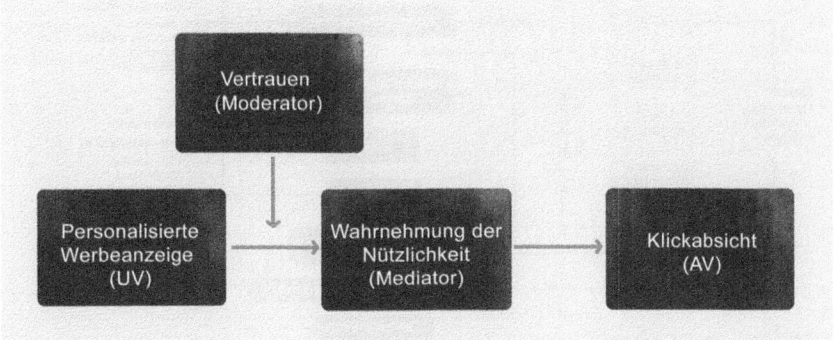

Abb. 3.2 Komplexes Partialmodell zur Wirkung personalisierter Online-Werbung. (Quelle: Meffert et al., 2019, S. 131)

desto höher ist die Wirkung der Werbeanzeige auf den Rezipienten (vgl. Meffert et al., 2019, S. 131).

3.3.4 Totalmodelle des Kaufverhaltens

3.3.4.1 Engel/Kollat/Blackwell-Ansatz

Das Modell von Engel, Kollat und Blackwell ist den Totalmodellen zuzuordnen und ist ein Phasenmodell. Das Modell zerlegt den Kaufprozess in sechs aufeinanderfolgende Phasen (vgl. Foscht et al., 2015, S. 25 f.):

1. Problemerkennung
2. Informationssuche
3. Informationsverarbeitung
4. Alternativenbewertung
5. Auswahl einer Alternative
6. Entscheidung und Entscheidungsfolgen

Abb. 3.3 zeigt das Zusammenspiel der Komponenten.

Lasst uns zur Veranschaulichung der einzelnen Phasen wieder unseren fakeshop24.de verwenden.

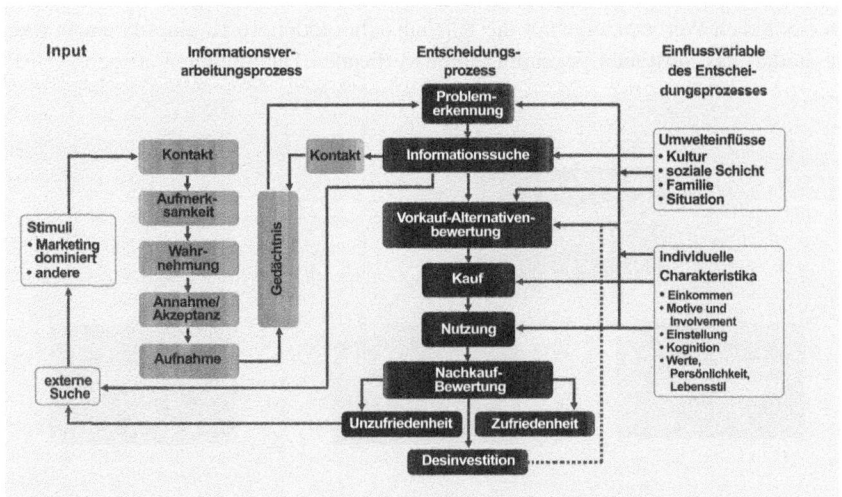

Abb. 3.3 Modell von Engel/Kollat/Blackwell. (Quelle: Foscht et al., 2015, S. 26)

Beispiel: Engel/Kollat/Blackwell-Ansatz beim Kauf im fake-shop24.de
(Gastbeitrag von Maximilian Busch)

- **Phase 1: Problemerkennung**
  Anstoß für den Kaufprozess unseres Kunden ist eine Unterhaltung mit Freunden über verschiedene Parfums, woraufhin unser Kunde sich nach langer Zeit mal wieder ein ganz neues Parfum kaufen möchte.
- **Phase 2: Informationssuche**
  Bei seiner Suche nach verschiedenen Parfums stößt der Kunde auf unseren fake-shop24.de und sucht dort nach Informationen zu verschiedenen Parfüms und Herstellern.

  Der Umfang der Informationssuche des Kunden hängt von zwei wesentlichen Parametern ab: den Kosten der Informationssuche sowie dem vermuteten Nutzen der generierten Informationen.

  Nachdem der Kunde 15 verschiedene Produkte und sieben Hersteller näher betrachtet hat, beendet er seine Recherche, da er sich von einer weiteren Recherche nicht noch mehr nützliche Informationen verspricht.
- **Phase 3: Verarbeitung**
  Schon während der Informationssuche verarbeitet und selektiert der Kunde die gefundenen Informationen. Bei dieser Verarbeitung kann es jedoch sowohl zu einer Verzerrung als auch zu Verlusten von Information kommen. Dies passiert, da der Kunde einige Informationen falsch oder gar nicht versteht oder sie wieder vergisst. Dies kann z. B. passieren, wenn der Kunde einige produkt- oder branchenspezifische Begriffe nicht kennt oder nicht versteht.
- **Phase 4: Alternativenbewertung**
  Nun klassifiziert der Kunde die gewonnenen Informationen auf Basis seiner eigenen Erfahrung, Überzeugung und Meinung. Dies stellt dann die Grundlage seiner Bewertung von unterschiedlichen Produkten und Herstellern dar.
- **Phase 5: Auswahl einer Alternative**
  Der Kunde trifft eine Entscheidung für beispielsweise eine bestimmte Parfümerie. Einfluss auf seine Entscheidung hatten sowohl individuelle Eigenschaften des Kunden (z. B. keine Online-Bestellung, er möchte verschiedene Düfte des Herstellers selbst testen vor einer finalen Entscheidung) als auch Einflussfaktoren aus seinem Umfeld wie Meinungen von Personen aus seinem Umfeld, die ihm wichtig sind.
- **Phase 6: Entscheidung und Entscheidungsfolgen**
  Nachdem der Kunde sich für ein bestimmtes Parfum eines bestimmten Herstellers entschieden hat, gelangt er zur sogenannten Nachkauf-Alternativenbewertung. Im Ergebnis kann der Kunde entweder zufrieden oder unzufrieden sein.

Diesen gespeicherten Eindruck wird der Kunde bei künftigen Einkäufen berücksichtigen.

Sofern er mit seiner Entscheidung unzufrieden ist, weil er z. B. nach dem Kauf ein preiswerteres Angebot des Parfums findet, versucht er, seine Entscheidung nachträglich dennoch zu rechtfertigen. ◀

Bewertung

An diesem Modell wird zum einen kritisiert, dass es – wie viele andere Modelle auch – ein strikt rationales Verhalten des Konsumenten unterstellt. So werden bspw. keine emotionalen Aspekte berücksichtigt. Zum anderen wird eine mangelnde empirische Überprüfbarkeit gesehen, die insbesondere durch die im Modell verwendeten nicht beobachtbaren Variablen bedingt ist (vgl. Gier, 2022, S. 21).

3.3.4.2 Modell von Howard/Sheth

Bei dem Modell von Howard und Sheth handelt es sich ebenfalls um ein Totalmodell. Zielsetzung des Modells ist es zu erklären, warum sich ein Konsument aus einer Vielzahl vorhandener Marken für eine spezifische Marke entscheidet. Das Modell versucht, die Kaufentscheidung über unterschiedliche Konstellationen der im Modell enthaltenen Variablen zu erklären (vgl. Wilhelm, 2022, S. 119–130; Meffert et al., 2019, S. 122 f.). Das Modell umfasst mit den Input- und den Outputvariablen zwei Bereiche, die die Schnittstelle zwischen dem Menschen und der Umwelt darstellen (vgl. Wilhelm, 2022, S. 122):

* **Inputvariablen:** Die Inputvariablen stellen Stimuli dar, die in Form von unternehmensseitigen Marketingaktivitäten oder Einflüssen des sozialen Umfeldes des Konsumenten auftreten. Diese Variablen werden auch als systemendogene Variablen bezeichnet.
* **Outputvariablen:** Die Outputvariablen manifestieren sich in Variablen, die direkten oder indirekten Einfluss auf die Kaufabsicht und den Kauf haben.

Zwischen dem Input- und dem Outputbereich des Modells liegen die Wahrnehmungs- sowie die Lernkonstrukte. Hierbei handelt es sich um Vorgänge, die sich im Inneren des Konsumenten abspielen. Weiterhin definieren die Urheber des Modells eine Reihe exogener Variablen, wie beispielsweise die Kultur oder die soziale Klasse des Konsumenten, die Bedeutung des Kaufs für den Konsumenten, Persönlichkeitsmerkmale oder die Finanzlage. Diese Variablen sind zwar mit den im Modell liegenden Variablen der Wahrnehmungs- und der Lernkonstrukte verbunden, allerdings sind sie außerhalb des Modells angesiedelt (vgl. Wilhelm, 2022, S. 122–124).

Bewertung

Bei dem Modell von Howard und Sheth handelt es sich um ein Totalmodell, das letztendlich auf dem S-O-R-Paradigma beruht (siehe hierzu Abschn. 3.3.2). Das Modell zielt darauf ab, das markenbezogene Kaufverhalten durch unterschiedliche externe Einflussfaktoren sowie im Menschen ablaufende Wahrnehmungs- und Lernprozesse zu erklären. Insofern ist das Modell dazu geeignet, eine ganze Reihe an Bestimmungsgrößen des Konsumentenverhaltens zu strukturieren und unterschiedliche Hypothesen zu Kaufprozessen in einem Modell zusammenzufassen. Die einzelnen Variablen sind allerdings nicht quantitativ nachvollziehbar miteinander verknüpft, sodass eine empirische Überprüfung nicht möglich ist (vgl. Meffert et al., 2019, S. 122–124; Walsh et al., 2020, S. 52). Weiterhin wird kritisiert, dass das Modell nur individuelle Entscheidungen, nicht aber kollektive oder organisationale Kaufentscheidungen betrachtet. Ein weiterer Kritikpunkt ist, dass in dem Modell weder emotionale noch affektive Aspekte berücksichtigt werden. Auch wird nicht klar, welchen konkreten Einfluss die exogenen Variablen auf den Prozess haben (vgl. Wilhelm, 2022, S. 127).

3.3.4.3 AIDA-Modell

Das bereits im Jahr 1898 entwickelte Modell beschreibt einen vierstufigen Überzeugungsprozess mit den Stufen **A**ttention, awake **I**nterest, create **D**esire und get **A**ction. Es basiert auf Erkenntnissen aus der angewandten Psychologie. Das Modell geht davon aus, dass ein Unternehmen zunächst die Aufmerksamkeit des Kunden erregen muss. Diese Aufmerksamkeit wird in ein Interesse an der Leistung überführt. Das Interesse führt in einem weiteren Schritt zu dem Wunsch, das Produkt zu besitzen. Dadurch wird die Kaufentscheidung ausgelöst (vgl. Ostheeren, 2003, S. 227–235). Das Modell kann durchaus als trivial bezeichnet werden, allerdings erfreut es sich gerade aufgrund seiner sehr starken Reduzierung einer sehr hohen Beliebtheit im Marketing. Inzwischen existieren verschiedene Varianten und Erweiterungen des Modells (vgl. Siegert & Brecheis, 2010, S. 234).

3.3.5 Neuere Modelle des Kaufverhaltens

Neueren Modellen ist gemein, dass sie den Kaufprozess in drei Phasen aufgliedern:

1. die Phase vor dem Kauf,
2. die eigentliche Kaufphase sowie
3. die Nachkaufphase.

Eine Erweiterung dieser Betrachtung stellt die Integration der Auswahl von Alternativen dar. Ein Beispiel hierfür findet sich in Abb. 3.4 (vgl. Meffert et al., 2019, S. 124 f.).

Bei diesem Modell wird davon ausgegangen, dass der potenzielle Konsument in der Vorkaufphase zunächst ein Problem erkennt. Die Problemerkennung kann entweder intrinsisch ausgelöst sein, d. h., der Konsument entwickelt das subjektive Bedürfnis, etwas zu kaufen. Der Kaufimpuls kann aber auch extrinsisch durch einen Stimulus wie beispielsweise eine Werbeanzeige ausgelöst werden. In der Phase der Problemerkennung folgen eine Informationssuche sowie die Bewertung von Alternativen. Dabei wird von dem sogenannten Universal Set ausgegangen. Dieses umfasst alle Alternativen, die dem Konsumenten im Hinblick auf das gewünschte Produkt bekannt sind. Das Modell geht weiter davon aus, dass der Konsument sich jedoch nicht an alle Alternativen erinnern kann. Die ihm bekannten und abrufbaren Alternativen sind im sogenannten Retrieval Set enthalten. Da jedoch diese Alternativenanzahl dem Konsumenten noch zu hoch ist, verringert

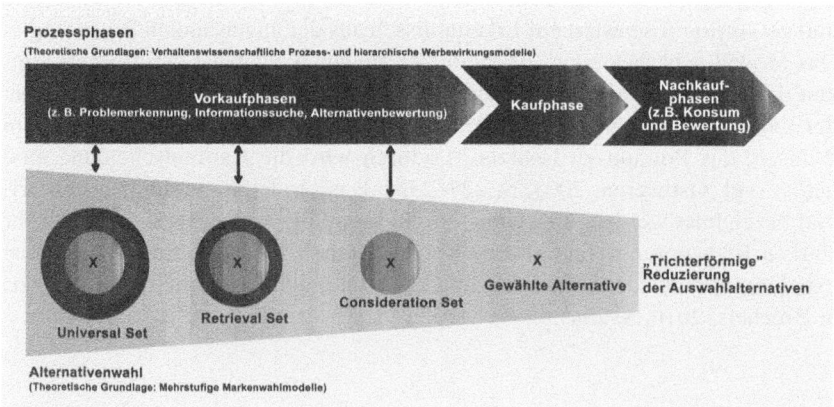

Abb. 3.4 Beispiel für ein Kaufprozessmodell (B2C). (Quelle: Meffert et al., 2019, S. 125)

er das Retrieval Set um eine Reihe an Alternativen, die er in der Folge nicht mehr berücksichtigen möchte. Welche Alternativen nicht mehr betrachtet werden sollen, hängt von unterschiedlichen Faktoren wie beispielsweise dem Grad der Vertrautheit ab. Durch diese erneute Reduktion verbleibt nur ein für den Konsumenten überschaubares Maß an für ihn infrage kommenden, relevanten Alternativen. Dieses Bündel an Alternativen wird auch als Consideration Set bezeichnet. Hieraus trifft der Konsument eine Entscheidung. In der Nachkaufphase finden der Konsum sowie die Bewertung statt. An dieser Stelle entscheidet sich auch, ob sich der Konsument in der Folge erneut für die Leistungen des Unternehmers entscheidet und damit Loyalität zum Unternehmen aufbaut (vgl. Meffert et al., 2019, S. 124 f.).

Anpassungen der Modelle aufgrund der Digitalisierung
Das zuletzt dargestellte Modell des Kaufprozesses erfuhr in der letzten Zeit einige Anpassungen, insbesondere aufgrund des Einflusses der Digitalisierung. Neuere Modelle werden häufig auch nicht mehr unter der Bezeichnung „Kaufprozess" veröffentlicht, sondern unter dem Begriff Customer Journey zusammengefasst. In Zusammenhang mit dem Konstrukt der Customer Journey gewann auch der Begriff des Kontaktpunktes oder Touchpoints an Bedeutung. Touchpoints stellen diejenigen Punkte im Laufe der Kundenreise dar, an denen eine direkte Interaktion zwischen dem potenziellen Kunden und dem Unternehmen stattfindet. Je nach Position in der Kundenreise können Touchpoints unterschiedliche Funktionen übernehmen, beispielsweise (vgl. Meffert et al., 2019, S. 125 f.).

- eine Information über die vom Unternehmen angebotenen Leistungen in frühen Phasen der Kundenreise oder
- eine Distribution von Produkten oder Dienstleistungen in späteren Phasen.

Neuere Modelle weisen nach Auffassung von Meffert et al. (2019, S. 126–128) neben den bereits aufgeführten Anpassungen vor allem drei grundsätzliche Veränderungen zum dargestellten Modell des Kaufprozesses auf:

1. **Abkehr vom linearen Zusammenhang zwischen Prozessphasen:** Bei Modellen des Kaufprozesses durchlief der Nutzer einen vorgegebenen Prozess, eine Rückkehr zu früheren Phasen war dabei ausgeschlossen. Auf dem Ansatz der Customer Journey basierende Modelle erlauben hingegen sowohl das Überspringen als auch eine Wiederholung von Phasen.
2. **Abkehr von der sukzessiven Reduzierung von Alternativen:** Das Modell des Kaufprozesses unterstellt, wie bereits ausgeführt, dass der Nutzer mit einer bestimmten Anzahl an Alternativen beginnt und diese im Laufe des Prozesses re-

duziert wird. Die Customer Journey geht nicht von einer Reduzierung aus, sondern erlaubt, unter anderem durch die bereits angeführte Wiederholung von Phasen oder die Rückkehr zu früheren Phasen, auch eine Zunahme der Alternativen entlang der Kundenreise. Eine Zunahme von Alternativen kann beispielsweise auftreten, wenn der Kunde bei einer Recherche auf zusätzliche Leistungen aufmerksam wird.

3. **Berücksichtigung der Mundpropaganda in der Nachkaufphase:** Durch die Digitalisierung und insbesondere die Entwicklungen in Zusammenhang mit den sozialen Medien besitzt die Mundpropaganda eine deutlich höhere Bedeutung als zuvor. Konsumenten sind in der Lage, ihre persönlichen Erfahrungen mit Produkten auf unterschiedlichen Plattformen zu teilen, und stellen damit anderen Konsumenten Informationen zu den Leistungen eines Unternehmens zur Verfügung.

Consumer Decision Journey

Die Unternehmensberatung McKinsey hat mit der Consumer Decision Journey einen neuen Ansatz entwickelt, der der aktuellen Realität des Konsumentenverhaltens besser Rechnung trägt als ältere Modelle. McKinsey unterstellt eine kreisförmige Kundenreise. Sie beginnt mit dem sogenannten Initial Consideration Set, wenn sich ein potenzieller Konsument mit dem Gedanken eines Kaufs auseinandersetzt. Unter dem Initial Consideration Set wird eine Menge an Marken bzw. Produkten verstanden, die der Kunde zu Beginn des Kaufprozesses in Betracht zieht. Welche Marken sich beim Kunden im Initial Consideration Set befinden, hängt unter anderem von der Markenwahrnehmung des potenziellen Kunden sowie von Kontaktpunkten des Kunden mit der Marke in der jüngeren Vergangenheit ab. Der Kunde nimmt also bereits in diesem ersten Schritt durch die Begrenzung der infrage kommenden Marken eine deutliche Reduzierung der Komplexität vor. Die Anzahl der Marken im Initial Consideration Set hängt dabei von der Art des Produktes ab. In der zweiten Phase führt der Kunde eine Informationssuche durch, bei der er die Marken aus dem Initial Consideration Set einer Überprüfung unterzieht. Durch diese Bewertung fallen Marken weg, gleichzeitig können aber durch die Recherche und Informationssammlung neue Marken hinzukommen. Für die Informationssuche nutzt der Kunde unterschiedliche Kommunikations- und Interaktionskanäle wie beispielsweise Suchmaschinen, Bewertungsportale, Blogs usw. An diesen Kontaktpunkten besteht für Unternehmen die Möglichkeit, die Bewertung des Kunden durch die Bereitstellung von entsprechenden Informationen oder durch entsprechend gestaltete Interaktionen zu beeinflussen. McKinsey betont an dieser Stelle, dass heutzutage die Kontaktaufnahme des Konsumenten zum Unternehmen sehr viel wichtiger geworden ist als der umgekehrte Weg (vgl. Court et al., 2009; Abb. 3.5).

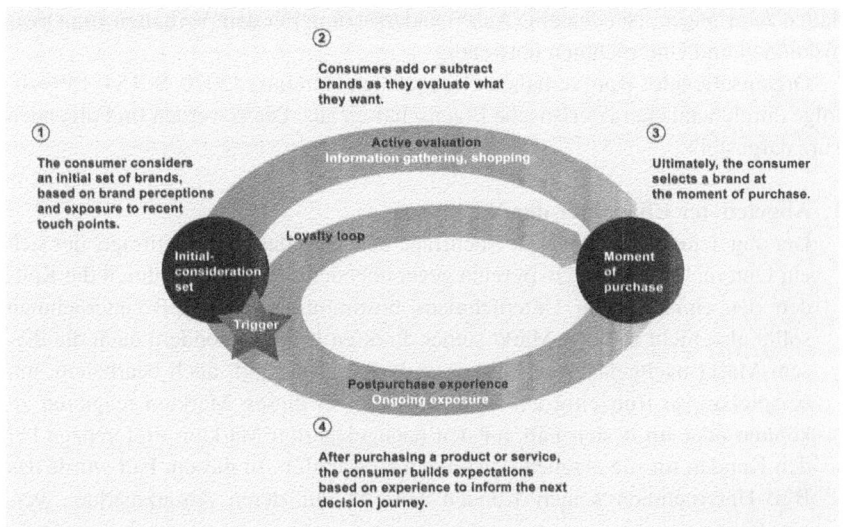

Abb. 3.5 Consumer Decision Journey. (Quelle: Vereinfachte Darstellung nach Court et al., 2009)

Der Kauf bildet die dritte Phase in der Consumer Decision Journey. An dieser Stelle weist McKinsey darauf hin, dass das Unternehmen die Hürden für den Abschluss des Kaufes möglichst niedrig halten sollte. McKinsey ist der Überzeugung, dass die eigentliche Arbeit des Marketings mit der Kaufentscheidung des Kunden gerade erst beginnt. Die Unternehmensberatung begründet dies damit, dass durch den Kauf die Meinung des Kunden für nachfolgende Entscheidungen in den gleichen Produktkategorien von entscheidender Bedeutung ist. Für Unternehmen kommt es also darauf an, den Kunden ein After-Sales-Erlebnis zu bieten, um einerseits Wiederholungskäufe wahrscheinlicher zu machen und andererseits Loyalität zu schaffen. McKinsey unterscheidet dabei zwei Arten von Loyalität: die Loyalität von Personen, die das eigene Unternehmen weiterempfehlen, sowie die Loyalität von Personen, die dem Unternehmen zwar treu bleiben, aber keine Weiterempfehlungen geben (vgl. Court et al., 2009).

3.3.6   Organisationales Kaufverhalten

Vom Kaufverhalten des Endkunden zu unterscheiden ist das organisationale Kaufverhalten. Um einen umfassenden Überblick über das Kauf- bzw. Konsumverhalten zu erlangen, ist auch eine Auseinandersetzung mit dem Verhalten von Organisationen und Unternehmen notwendig.

Organisationales Kaufverhalten zeichnet sich Homburg (2020, S. 154–159) zufolge durch neun charakteristische Eigenschaften aus. Diese werden im Folgenden kurz dargestellt.

1. **Abgeleiteter Charakter der Nachfrage**
   Der abgeleitete Charakter der Nachfrage bedeutet, dass die Nachfrage, der sich ein Unternehmen im B2B-Bereich gegenübersieht, maßgeblich durch die Kunden des einkaufenden Unternehmens bestimmt ist. Ein B2B-Unternehmen sollte also nicht nur den Markt seiner direkten Kunden, sondern auch die diesem Markt nachgelagerten Märkte analysieren und ggf. auch bearbeiten, um beispielsweise frühzeitig auf Veränderungen in diesen Märkten reagieren zu können oder im besten Fall auf den nachgelagerten Märkten Präferenzen bei den Kunden für die eigenen Leistungen zu schaffen. In diesem Fall würde das B2B-Unternehmen seinen Kunden Vorteile auf deren Absatzmärkten verschaffen.

2. **Multipersonalität der Nachfrage**
   Ein zweites Merkmal der organisationalen Nachfrage ist dem Umstand geschuldet, dass in der Regel mehrere Angehörige des Unternehmens am Fällen der Kaufentscheidung beteiligt sind (= Multipersonalität). In diesem Zusammenhang können sechs Rollen unterschieden werden:

   1. **Benutzer/Verwender:** Bei den Benutzern bzw. Verwendern handelt es sich um diejenigen Personen, die nach dem Kauf mit der erworbenen Leistung arbeiten (müssen). Benutzer/Verwender können einerseits die organisationale Beschaffung anstoßen und besitzen andererseits eine besondere Rolle aufgrund ihres Erfahrungswissens.

   2. **Beeinflusser:** Als Beeinflusser werden diejenigen Personen bezeichnet, die den Kaufprozess durch die Bereitstellung von Informationen sowie die Vorgabe von Kriterien direkt oder indirekt beeinflussen können. Beeinflusser können sowohl im Unternehmen (z. B. Produktionsleiter) als auch außerhalb des Unternehmens angesiedelt sein (z. B. Mitarbeiter einer Unternehmensberatung).

   3. **Einkäufer:** Die Einkäufer sind zumeist in der Einkaufsabteilung verortet und besitzen die formale Aufgabe zur Durchführung des Kaufs durch eine Auswahl von Lieferanten, das Führen von Verhandlungen sowie den Abschluss von Kaufverträgen.

   4. **Entscheider:** Entscheider besitzen die Macht zur Entscheidung über die Auftragsvergabe. In Abhängigkeit vom zu beschaffenden Produkt können je-

doch auch Angehörige der Geschäftsführung (z. B. bei Großprojekten), Nutzer (falls die Spezifikationen der Leistung besondere Bedeutung besitzen) oder der Einkäufer (falls der Preis ein entscheidungsrelevantes Kriterium darstellt) Einfluss auf die Entscheidung nehmen.

5. **Informationsselektierer:** Diese Gruppe an Personen bzw. diese Person kontrolliert und steuert den Informationsfluss zwischen den Akteuren. Informationsselektierer wie beispielsweise Assistenten von Entscheidungsträgern besitzen die Möglichkeit zur bewussten oder unbewussten Beeinflussung.

6. **Initiator:** Der Initiator ist diejenige Person, die den Kaufprozess in Gang setzt, da sie sich z. B. eine Verbesserung der aktuellen Situation verspricht. Initiator kann etwa der Nutzer sein.

Die gesamte Gruppe an Personen, die unternehmensseitig am Kaufprozess beteiligt ist, wird auch mit dem Begriff Buying Center bezeichnet.

3. **Multiorganisationalität organisationaler Kaufentscheidungen**
Das Merkmal der Multiorganisationalität bedeutet, dass neben dem einkaufenden und dem verkaufenden Unternehmen weitere Personen und/oder Unternehmen am Beschaffungsprozess beteiligt sein können (z. B. Bank zur Finanzierung, Bauunternehmen zur Schaffung der notwendigen infrastrukturellen Voraussetzungen zur Installation von Anlagen …).

4. **Besondere Bedeutung von Dienstleistungen**
Ein viertes Merkmal organisationaler Kaufentscheidungen ist die hohe Bedeutung von Dienstleistungen. Dies ist insbesondere in Zusammenhang mit komplexen Produkten und/oder einem hohen Kaufpreis der Fall. So müssen beispielsweise komplexe Anlagen im Maschinenbaubereich vor der Benutzung beim Kunden eingerichtet werden. Hierzu kann ein Unternehmen entweder selbst „experimentieren" oder einen Techniker des Herstellers beauftragen. Im Bereich des Maschinenbaus besitzen auch Finanzierungsleistungen in Form von Krediten oder Leasing Relevanz.

5. **Langfristigkeit der Geschäftsbeziehung**
Die Langfristigkeit der Geschäftsbeziehung ist eine Folge der Langlebigkeit der verkauften Wirtschaftsgüter in Verbindung mit begleitenden Dienstleistungen. Häufig werden Dienstleistungen entlang des gesamten Lebenszyklus des verkauften Produktes in Anspruch genommen. Außerdem ist festzustellen, dass eine der beiden am Kauf beteiligten Parteien oder sogar beide Parteien sehr spezifische Investitionen vornehmen, die in anderen Geschäftsbeziehungen keinen Nutzen hätten. Dies kann z. B. eine spezifische Verankerung für gekaufte Maschinen beim Kunden sein, die nicht für die Maschinen eines anderen Kunden passen würden.

6. **Hohes Ausmaß an persönlicher Interaktion**

   Ein weiteres Merkmal organisationaler Kaufentscheidungen ist ein hoher Grad an persönlicher Interaktion zwischen Verkäufer und Kunde. Konkret bedeutet dies, dass durch eine fortgesetzte Interaktion zwischen Mitarbeitern des Anbieter- und des Nachfragerunternehmens persönliche Beziehungen entstehen. Diese Beziehungen bestehen nicht nur zwischen dem Einkauf und dem Vertrieb der Unternehmen, sondern ggf. auch zwischen anderen Funktionsbereichen wie z. B. dem Produktionsbereich. Die gewachsenen Beziehungen besitzen zudem ein erhebliches Maß an Einfluss auf den Erfolg der Geschäftsbeziehung und der Anbahnung weiterer Geschäftsbeziehungen zu anderen Unternehmen.

7. **Hoher Formalisierungsgrad**

   Der hohe Formalisierungsgrad als weiteres Merkmal bezieht sich auf Vorgaben und Richtlinien, die die Kaufentscheidung bzw. den Kaufentscheidungsprozess regeln. So kann es beispielsweise Vorgaben für die Anzahl der einzuholenden Angebote oder für die am Kaufprozess beteiligten Personen geben.

8. **Hoher Individualisierungsgrad**

   Eine letzte charakteristische Eigenschaft organisationaler Kaufentscheidungen ist ein hoher Individualisierungsgrad. Gemeint ist damit, dass die Bedürfnisse der organisationalen Kunden sehr spezifisch sind und nicht durch Standardlösungen befriedigt werden können. Insofern werden Lösungen benötigt, die individuell auf den Kunden zugeschnitten sind.

Literatur

ComputerWeekly. (2021). Markov-Modell. https://www.computerweekly.com/de/definition/Markov-Modell. Zugegriffen am 29.08.2023.

Court, D., Elzinga, D., Mulder, S., & Vetik, O. J. (2009). The consumer decision journey. *McKinsey.* https://www.mckinsey.com/capabilities/growth-marketing-and-sales/our-insights/the-consumer-decision-journey#/. Zugegriffen am 29.08.2023.

Dangelmaier, W. (2017). Methoden der computergestützten Produktion und Logistik: 1. Modelle. https://www.hni.uni-paderborn.de/fileadmin/Fachgruppen/Wirtschaftsinformatik/Moduluebersicht/W2336_Methoden_der_computergestuetzten_Produktion/1._Modelle.pdf. Zugegriffen am 29.08.2023.

Foscht, T., Swoboda, B., & Schramm-Klein, H. (2015). *Käuferverhalten: Grundlagen – Perspektiven – Anwendungen* (5. Aufl.). Springer Gabler. https://doi.org/10.1007/978-3-658-08549-0

Gier, N. R. (2022). *Consumer Decision Neuroscience: Ausgewählte Beiträge.* Springer Gabler.

Gröppel-Klein, A. (2020). Die Konsumentenverhaltensforschung früher – heute – morgen. In M. Bruhn, C. Burmann, & M. Kirchgeorg (Hrsg.), *Marketing Weiterdenken* (2. Aufl., S. 403–420). Springer Gabler.

Gröppel-Klein, A., & Spilski, A. (2019). Verhaltenswissenschaftliche Grundlagen zur Markenführung. In F.-R. Esch (Hrsg.), *Handbuch Markenführung* (S. 43–69). Springer Gabler. https://doi.org/10.1007/978-3-658-13342-9_2

Homburg, C. (2020). *Marketingmanagement: Strategie – Instrumente – Umsetzung – Unternehmensführung* (7. Aufl.). Springer Gabler. https://doi.org/10.1007/978-3-658-29636-0

Kistner, K. P., & Steven, M. (2013). *Betriebswirtschaftslehre im Grundstudium 1: Produktion, Absatz, Finanzierung.* Physica-Verlag HD. https://books.google.de/books?id=4c_OBgAAQBAJ. Zugegriffen am 01.09.2023.

Kreutzer, R. T. (2022). *Praxisorientiertes Marketing: Grundlagen – Instrumente – Fallbeispiele* (6. Aufl.). Springer Gabler. https://doi.org/10.1007/978-3-658-35307-0

Kroeber-Riel, W., & Gröppel-Klein, A. (2019). *Konsumentenverhalten* (11. Aufl.). Vahlen.

Kunisch, A., Lüthy, D., & Lang, S. (2020). Von Gewohnheits- und Spontankäufen: Wie wir Kaufentscheidungen treffen. Hochschule Luzern. https://hub.hslu.ch/business-psychology/kaufentscheidungen/. Zugegriffen am 29.08.2023.

Lemon, K. N., & Verhoef, P. C. (2016). Understanding customer experience throughout the customer journey. *Journal of Marketing, 80*(6), 69–96. https://doi.org/10.1509/jm.15.0420

Meffert, H., Burmann, C., Kirchgeorg, M., & Eisenbeiß, M. (2019). *Marketing: Grundlagen marktorientierter Unternehmensführung. Konzepte – Instrumente – Praxisbeispiele* (13. Aufl.). Springer Gabler. https://doi.org/10.1007/978-3-658-21196-7

Ostheeren, K. (2003). Die aida-Formel als psychische Strategie, Textmodell und Handlungsmatrix. In L. Cyrus, H. Feddes, F. Schumacher, & P. Steiner (Hrsg.), *Sprache zwischen Theorie und Technologie/Language between theory and technology* (S. 227–235). Deutscher Universitätsverlag. https://doi.org/10.1007/978-3-322-81289-6_18

Pebels, W. (2012). *Einführung in das Konsumentenverhalten* (2. Aufl.). Werner Pebels/Ventus Publishing ApS.

Poppe, S., & Gampfer, R. (2022). *Konsumentenverhalten im digitalen Kontext: Wie Empfehlungen auf die Einstellungen der Konsumenten im Marketing wirken.* Springer Vieweg. https://doi.org/10.1007/978-3-658-38682-5

Redler, J., & Ullrich, S. (2021). *Marketing klipp & klar.* Springer Gabler. https://doi.org/10.1007/978-3-658-34538-9

Siegert, G., & Brecheis, D. (2010). *Werbung in der Medien- und Informationsgesellschaft* (2. Aufl.). VS Verlag für Sozialwissenschaften. https://doi.org/10.1007/978-3-531-92276-8

Stachowiak, H. (1973). *Allgemeine Modelltheorie.* Springer.

Walsh, G., Deseniss, A., & Kilian, T. (2020). *Marketing. Eine Einführung auf der Grundlage von Case Studies* (3. Aufl.). Springer Gabler. https://doi.org/10.1007/978-3-662-58941-0

Wilhelm, C. (2022). Die Kaufscheidung als Lernprozess: The Theory of Buyer Behavior von Howard und Sheth. In T. G. K. Meitz, N. S. Borchers, & B. Naderer (Hrsg.), *Schlüsselwerke der Werbeforschung* (S. 119–130). Springer VS. https://doi.org/10.1007/978-3-658-36508-0_11

Kundensegmentierung

4

Der nächste Schritt auf dem Weg zu Customer Insights führt uns zur Kundensegmentierung. Kundensegmentierung bedeutet, dass wir unsere Kunden gem. ihrem
Wert für das Unternehmen zu Gruppen zusammenfassen. Mit dem Begriff der
Kundensegmentierung, den mit der Segmentierung einhergehenden Zielen sowie
den unterschiedlichen Kriterien (= Segmentierungskriterien) und genutzten Verfahren setzen wir uns in diesem Kapitel auseinander.

4.1 Kundensegmentierung: Definition, Ziele und Vorgehensweisen

4.1.1 Definition Kundensegmentierung

Unter einer Kundensegmentierung werden die Aufteilung von Marktsegmenten in
Kundengruppen bzw. Kundensegmente entsprechend ihrem Wert für das Unternehmen sowie die Bearbeitung dieser Kundengruppen bzw. Kundensegmente verstanden. Eine Kundensegmentierung kann sich dabei sowohl auf Bestandskunden
als auch auf potenzielle Kunden beziehen, in der Literatur wird die Kundensegmentierung jedoch zum Teil ausschließlich mit Bestandskunden in Verbindung gebracht (vgl. Freter, 2008, S. 54–56; Dannenberg & Zupancic, 2008, S. 84). Der
Eingrenzung auf bestehende Kunden werden auch wir folgen.

Konkret wird also der Kundenstamm des Unternehmens nach bestimmten
Merkmalen in unterschiedliche Gruppen aufgeteilt, um z. B. profitable Kunden von
weniger profitablen Kunden zu differenzieren und den Einsatz von Marketingmaßnahmen möglichst effizient gestalten zu können oder aber über eine Differenzierung

J. Rashedi, *Customer Insights*, https://doi.org/10.1007/978-3-658-43392-5_4

in verhaltensbasierte Segmente einen Beitrag dazu zu leisten, den Kunden besser zu verstehen. Das Ziel der Segmentierung ist es, dass die einzelnen Segmente in sich möglichst homogen sind, die Kunden also eine möglichst hohe Ähnlichkeit aufweisen, die gebildeten Segmente aber möglichst heterogen, d. h. möglichst gut unterscheidbar sind. Mit einer Segmentierung soll das Verhältnis von Ertrag und Aufwand möglichst günstig gestaltet werden. Wir differenzieren weiter zwischen einer Segmentierung auf strategischer Ebene (= Long-Term-Segmentierung) und einer reaktiven Segmentierung (= Short-Term-Segmentierung oder auch Targeting) (vgl. Dannenberg & Zupancic, 2008, S. 84; Freter, 2008, S. 54 f.; Bruhn, 2022, S. 59–62).

4.1.2 Ziele der Kundensegmentierung

Die mit einer Kundensegmentierung verfolgten Ziele sind vielfältig (vgl. Dannenberg & Zupancic, 2008, S. 86; Bruhn, 2022, S. 60):

- Mit Kundensegmentierung kann ein besseres Verständnis der Kunden erreicht werden, da durch die Segmentierung beispielsweise profitable von weniger profitablen Kunden abgegrenzt werden. Unter profitabel verstehe ich einen Kunden, dessen Umsatz so hoch ist, dass er nach Abzug der durch ihn entstandenen Kosten (z. B. für Marketing oder Retouren) noch einen Beitrag für das Unternehmen erwirtschaftet. Genauer gehen wir auf diesen Aspekt in Abschn. 4.2.1.4 in Zusammenhang mit der Deckungsbeitragsrechnung ein. Durch die Differenzierung zwischen profitablen und unprofitablen Kunden können Marketingmaßnahmen effizienter eingesetzt werden. So sollten beispielsweise sehr kostspielige Marketingmaßnahmen nur bei wirklich profitablen Kunden eingesetzt werden,
- Durch eine Analyse der entstehenden Segmente können weitere Erkenntnisse gewonnen werden. Lassen sich beispielsweise profitable von weniger profitablen Kunden durch das Merkmal „Postleitzahl" innerhalb einer Stadt sehr gut voneinander abgrenzen, dann sollten künftig primär in den Postleitzahlgebieten mit der höheren Profitabilität Werbeflächen angemietet werden,
- Durch eine Kundensegmentierung können Kunden besser angesprochen werden. Es wurde bereits angeführt, dass eine Segmentierung dabei unterstützen kann, die Ressourcen sinnvoll einzusetzen. Dies gilt auch im Hinblick auf die Ansprache, da beispielsweise ein Teil der Kunden lieber über E-Mails, ein anderer Teil über

soziale Medien angesprochen werden möchte. Durch eine Differenzierung der Kunden nach Verhaltensmerkmalen kann also die Ansprache individueller gestaltet werden – mit dem Ziel eines höheren Engagements.

Die beschriebenen Zielsetzungen stellen keinen Selbstzweck dar. Vielmehr kann die Kundensegmentierung dazu beitragen, das Kosten-Nutzen-Verhältnis zu optimieren, die Kundenbindung zu unterstützen sowie letztendlich den Gewinn zu maximieren. In Zusammenhang mit der Kundensegmentierung sind zwei Begriffe als relevant zu erachten: Segmentierungskriterien sowie Segmentierungsvorgehen.

Mögliche Kriterien zur Segmentierung sind in Tab. 4.1 und 4.2 dargestellt. Welche Merkmale konkret gewählt werden, hängt von der mit der Segmentierung verbundenen Zielsetzung ab: Geht es beispielsweise um die Ansprache der Kunden, dann ergibt eine Differenzierung Sinn, die auf unterschiedliche Endgeräte und Medien der Kunden abzielt. Genutzt werden können aber auch Merkmale wie die Höhe der getätigten Umsätze oder die Kaufhäufigkeit. Weiterhin ist zu berücksichtigen, dass die Segmentierungskriterien sich von Branche zu Branche unterscheiden können, je nachdem, welche Kriterien Kaufverhaltensrelevanz aufweisen.

Die zur Segmentierung geeigneten Kriterien unterscheiden sich je nachdem, ob ein B2C-Markt oder ein B2B-Markt betrachtet werden soll. Auf B2C-Märkten werden demografische, sozioökonomische, geografische sowie psychografische und verhaltensbezogene Kriterien eingesetzt (siehe hierzu auch Tab. 4.1).

Für B2B-Märkte werden hingegen branchenbezogene, unternehmensbezogene, gruppenbezogene sowie personenbezogene Segmentierungskriterien verwendet (siehe hierzu auch Tab. 4.2).

Tab. 4.1 Segmentierungskriterien für Konsumgütermärkte. (Quelle: In Anlehnung an Bruhn, 2022, S. 60 f.; Müller et al., 2015, S. 107; Großklaus, 2006, S. 77)

Demografische Kriterien	Sozioökonomische Kriterien	Geografische Kriterien	Psychologische Kriterien	Verhaltensbezogene Kriterien
Geschlecht	Einkommen	Land	Einstellungen	Mediennutzung
Alter	Größe des Haushaltes	Bundesland	Präferenzen	Kaufintensität
Familienstand	Soziale Schicht	Wohnort	Motive	Preissensibilität
Sprache	Beruf	Städtisches oder ländliches Gebiet	Lebensstile	Markenwahl

Tab. 4.2 Segmentierungskriterien für B2B-Märkte. (Quelle: In Anlehnung an Bruhn, 2022, S. 61; Großklaus, 2006, S. 77)

Branchen-bezogene Kriterien	Unternehmens-bezogene Kriterien	Gruppenbezogene Kriterien (Buying Center)	Personenbezogene Kriterien (Buying Center)
Art der Branche	Standort	Größe und Zusammensetzung des Einkaufsgremiums	Demografische, sozioökonomische, geografische, psychologische oder verhaltensbezogene Kriterien des Buying Centers
Marktvolumen	Umsatz bzw. Umsatzgrößenklasse	Arbeitsaufteilung	Mediennutzungs-verhalten der Personen des Buying Centers
Stärke der Wettbewerber	Auftragsgröße	Rollenverhalten	Innovationsfreudigkeit der Personen des Buying Centers
Branchen-konjunktur	Anzahl der Mitarbeiter	Rollenverteilung	Informationsverhalten der Personen des Buying Centers

4.1.3 Kriterien und Vorgehen zur Kundensegmentierung

Bei der Kundensegmentierung wird zwischen eindimensionalen und mehrdimensionalen Ansätzen einerseits sowie zwischen einer individuellen und einer kumulierten Darstellung andererseits differenziert. Der Aspekt der Ein bzw. Mehrdimensionalität bezieht sich auf die Anzahl der Kriterien, die für eine Abgrenzung der Kundensegmente genutzt werden. Die ABC-Analyse stellt einen klassischen eindimensionalen Ansatz dar, da sie lediglich den Umsatz als Segmentierungskriterium nutzt. Scoring-Ansätze wie die RFM-Analyse stellen wiederum mehrdimensionale Ansätze dar. Die RFM-Analyse nutzt beispielsweise mit den Kriterien „letztes Kaufdatum", „Häufigkeit des Einkaufs" sowie „Umsatz" drei Kriterien und stellt damit einen mehrdimensionalen Ansatz dar. Die individuelle bzw. kumulierte Darstellung bezieht sich auf die Frage, ob ein einzelner Kunde analysiert und bewertet wird oder aber alle Kunden betrachtet werden. Beispielsweise werden bei der bereits angeführten ABC-Analyse alle Kunden in ein Ranking bzgl. ihres Umsatzes gebracht, was einer kumulierten Darstellung entspricht. Der Customer Life Time Value (= Wert des Kunden für das Unternehmen im Laufe der Beziehung zum Kunden) ist im Gegensatz dazu eine Betrachtung, die für jeden einzelnen Kunden durchgeführt wird. Auf die einzelnen Ansätze wird in Abschn. 4.2 im Detail eingegangen (vgl. Krafft & Albers, 2000, S. 516–523).

Tab. 4.3 Systematisierung von Ansätzen zur Kundensegmentierung. (Quelle: Basierend auf Kleiner, 2009, S. 65–66; Krafft & Albers, 2000, S. 517)

Zeitpunkt der Segmentbildung	A priori	Post hoc
Anzahl der genutzten Segmentierungskriterien	Eindimensional	Mehrdimensional
Art der Darstellung	Individuell	Kumuliert

Da in der Marketingliteratur die Unterscheidung nach der Anzahl der verwendeten Segmentierungskriterien das häufigste Differenzierungsmerkmal darstellt, werden die unterschiedlichen Vorgehensweisen zur Kundensegmentierung in eindimensionale und mehrdimensionale Ansätze unterschieden

Bei den Vorgehen zur Kundensegmentierung kann weiterhin zwischen A-priori- und Post-hoc-Ansätzen differenziert werden (siehe Tab. 4.3). Bei A-priori-Ansätzen erfolgt die Segmentierung auf Basis von bereits im Vorfeld bekannten Segmentierungskriterien durch den Planer. Logisch nachvollziehbar ist, dass diese Kriterien beobachtbar sein müssen. In der Regel nutzt die A-priori-Segmentierung nur ein einziges Segmentierungskriterium. Beispiel für eine solche Segmentierung ist eine Differenzierung zwischen Käufern und Nichtkäufern einer bestimmten Produktart. Der Unterschied liegt hierbei im Kaufverhalten, das direkt beobachtet werden kann (z. B. durch eine Kamera in einem Ladenlokal). Möglich sind aber auch zweidimensionale Vorgehen, beispielsweise die Unterscheidung zwischen Berufstätigen und Rentnern. Eine Unterscheidung erfolgt in diesem Fall sowohl im Hinblick auf die Berufstätigkeit als auch auf das Alter (vgl. Freter, 2008, S. 197). Bei der A-priori-Segmentierung lässt sich weiterhin die Anzahl der Segmente in Abhängigkeit vom Kriterium bestimmen (vgl. Freter, 2008, S. 198):

• Es handelt sich um ein Kriterium, bei dem die Anzahl der möglichen Ausprägungen offensichtlich und nicht veränderbar ist, also z. B. Kaufverhalten (Käufer/Nichtkäufer). Bei beiden Beispielen resultieren also zwei Segmente,
• Es handelt sich um ein Kriterium mit stetiger Ausprägung wie z. B. Alter oder Umsatz pro Zeiteinheit. In diesem Fall kann der Planer die Anzahl der Segmente durch eine geeignete Klassenwahl selbst bestimmen.

Als Kritik an der A-Priori-Vorgehensweise kann angeführt werden, dass einerseits zwar signifikante Unterschiede in der Merkmalsausprägung der Segmentierungskriterien bestehen, diese Unterschiede allein jedoch keinen Hinweis darauf geben, wie das unterschiedliche Kaufverhalten erklärt werden kann (vgl. Kleiner, 2009, S. 65).
    Bei Post-hoc-Ansätzen erfolgen die Bestimmung der Segmentierungskriterien sowie die Anzahl der Segmente im Rahmen einer Datenauswertung. Häufig wird eine Vorstudie durchgeführt, auf deren Basis dann eine empirische Erhebung konzi-

piert und umgesetzt wird. Zur Auswertung werden multivariate Verfahren wie etwa eine Clusteranalyse oder eine Faktorenanalyse eingesetzt. In der Regel resultieren aus der Auswertung mehrere Segmentierungskriterien (vgl. Freter, 2008, S. 198). Eine Herausforderung bei den Post-hoc-Ansätzen ist, dass die aus der Datenanalyse resultierenden Segmente nicht zwangsläufig auch über Marketinginstrumente ansprechbar sind (vgl. Kleiner, 2009, S. 66).

4.2 Ansätze zur Kundensegmentierung

4.2.1 Eindimensionale Ansätze zur Kundensegmentierung

4.2.1.1 Qualitative Segmentierung

Bei der qualitativen Segmentierung werden die Kunden aufgrund einer subjektiven Beurteilung in unterschiedliche Kategorien eingeteilt. Beispiele für die qualitative Segmentierung sind (vgl. Krafft & Albers, 2000, S. 517):

- Segmentierung nach Verwendungsintensität: Heavy User und Light User und
- Segmentierung nach Bedeutung der Kunden: Lead User, strategische Kunden oder Innovatoren.

Der Vorteil der qualitativen Segmentierung ist die einfache Umsetzung. Als Nachteil können sowohl die geringe Belastbarkeit der Einteilung aufgrund der lediglich subjektiven Einschätzung sowie der fehlende quantitative Bezug zu Erfolgsgrößen des Unternehmens betrachtet werden. Weiterhin erfolgt die Bildung von Segmenten aufgrund eines einzigen Merkmals. Daraus folgt, dass die resultierenden Segmente noch nicht wirklich homogen sind, sondern eben lediglich bezüglich eines Merkmals eine Ähnlichkeit aufweisen, bei sehr vielen anderen Merkmalen aber unter Umständen deutliche Unterschiede (vgl. u. a. Krafft & Albers, 2000, S. 517).

4.2.1.2 Segmentierung nach Kaufhäufigkeit und -volumen

Für einfache quantitative Segmentierungen können die Häufigkeit von Käufen oder das bei einem Kauf erworbene Volumen (in Euro) als Kriterien herangezogen werden. Bei der Kaufhäufigkeit kann beispielsweise in einmalige Kunden, Gelegenheitskunden und Stammkunden differenziert werden. Wie häufig ein Kunde kaufen muss, um als Gelegenheits- oder Stammkunde klassifiziert zu werden, hängt stark vom Produkt und der üblichen Zeitspanne für die Wiederbeschaffung ab. Geht man z. B. von Rasierklingen aus, bei denen eine Packung mit vier Klingen für einen Dreimonatszeitraum reicht, dann ist ein Kunde mit drei bis vier Käufen pro Jahr bereits Stammkunde. Mit der gleichen Anzahl an Käufen bei Einmalrasierern, die in der Regel für einen

Monat reichen, wäre er Gelegenheitskunde. Hinsichtlich des Volumens ist eine ähnliche Logik anzulegen: Die Kunden werden entsprechend dem Umsatzvolumen je Einkauf bewertet und in eine bestimmte Anzahl an Kategorien eingeteilt, also z. B. in drei Gruppen entsprechend ihrem Umsatz im vergangenen Jahr. Für diese einfachen quantitativen Segmentierungen gilt ebenfalls der bereits angeführte Vorteil einer leichten Anwendbarkeit und Umsetzbarkeit. Zudem werden sowohl für die Kaufhäufigkeit als auch für das Kaufvolumen nur sehr wenige Daten benötigt, die jedes Unternehmen verfügbar haben sollte. Der wesentliche Nachteil ist, wie bei der qualitativen Segmentierung, in dem Umstand zu sehen, dass die resultierenden Segmente in sich noch nicht homogen sind (vgl. u. a. Krafft & Albers, 2000, S. 517; Bagusat, 2006, S. 12; Kindermann, 2006, S. 7).

4.2.1.3 ABC-Analyse

Die ABC-Analyse stammt ursprünglich aus dem Logistikbereich. Sie wurde eingesetzt, um die Disposition von Verbrauchsmaterialien zu unterstützen (vgl. Schawel & Billing, 2018, S. 15). Doch die ABC-Analyse besitzt ein viel breiteres Einsatzspektrum: Die Analyse kann überall dort angewendet werden, wo Objekte wie z. B. Produkte, Betriebsmittel, aber auch Kunden nach bestimmten Kriterien bewertet werden sollen (vgl. Kaufmann, 2021, S. 209 f.). Dadurch kann über die ABC-Analyse eine große Menge an Objekten sehr einfach und schnell klassifiziert werden. Für die Kundensegmentierung nutzt die ABC-Analyse beispielsweise die Umsätze der Kunden, um diese in drei unterschiedliche Gruppe zu unterteilen (vgl. Kaufmann, 2021, S. 210):

- A-Kunden sind die umsatzstärksten Kunden, die deshalb eine hohe Priorität besitzen sollten und denen aus Sicht des Marketings und Vertriebs besonders viel Aufmerksamkeit geschenkt werden sollte, z. B. durch eine persönliche Beratung oder spezifische Services.
- Mit B-Kunden kann ein Unternehmen normalen Umsatz erzielen, weshalb für diese Kundengruppe weniger Ressourcen (z. B. für die Betreuung) aufgewendet werden sollten. Der genaue Ressourceneinsatz ist abzuwägen.
- C-Kunden stellen die zahlenmäßig größte Kundengruppe dar, allerdings erzielen die Kunden dieser Gruppe nur einen sehr geringen Anteil am Gesamtumsatz des Unternehmens.

Die ABC-Kundenanalyse hilft also, die Frage zu beantworten, wie viele der nur begrenzt vorhandenen Ressourcen für einen bestimmten Kunden aufgewendet werden sollen (z. B. für das Marketing oder für die Lösung von Kundenproblemen). Für die Umsetzung der Analyse benötigen wir lediglich die Kunden sowie deren Umsätze. Möglich sind aber auch Größen wie Gewinne oder Deckungsbeiträge, das Absatzvolumen oder die Rendite. Optimalerweise liegen diese Größen für einen längeren Betrachtungszeitraum vor, um Ausreißer nach oben oder unten und damit Verzerrungen zu vermeiden oder möglichst klein halten zu können (vgl. Kaufmann, 2021, S. 210 f.).

Die Durchführung der ABC-Analyse erfolgt in den drei Schritten:

1. Datenerfassung,
2. Einteilung der Klassen sowie
3. Ableitung von Maßnahmen.

Beispiel zur ABC-Analyse
Das Beispiel orientiert sich an Kaufmann (2021, S. 211–217).

Datenerfassung Zunächst benötigen wir die Kundendaten. Wir wollen die ABC-Analyse auf Basis der Daten aus unserem Fakeshop umsetzen. Dazu kopieren wir aus der Kundentabelle die Namen sowie den Gesamtumsatz je Kunde (Tab. 4.4). Die Tabelle besitzt natürlich noch 9990 weitere Zeilen.

Einteilung der Klassen Der nächste Schritt umfasst die Einteilung der Klassen. Hierzu sind ein paar vorbereitende Arbeiten notwendig. So müssen wir zunächst die Kunden gemäß ihren Umsätzen absteigend sortieren. Außerdem werden die Umsätze kumuliert und der Anteil des kumulierten Umsatzes am Gesamtumsatz wird berechnet. Der letzte Schritt umfasst die Einteilung der Kunden in Gruppen. Eine feste Regel existiert nicht. Jedoch ist eine sinnvolle Einteilung zu wählen. Als Anhaltspunkt kann die Pareto-Regel (80/20-Regel) dienen, die besagt, dass der Großteil des Gesamtergebnisses (80 %) mit nur geringem Aufwand (20 %) zu erreichen ist. Im vorliegenden Beispiel habe ich die Grenzen bei 70 % bzw. 95 % gezogen, sodass sich das in Tab. 4.5 dargestellte Bild ergibt.

Tab. 4.4 ABC-Analyse (Datenerfassung). (Datenquelle: Fake-Shop24)

Vorname	Nachname	Gesamtumsatz (EUR)
Karolin	Bürger	10.895
Petra	Weber	10.799
Thomas	Strauss	10.284
Philipp	Bachmeier	10.056
Sabrina	Meier	10.013
Tanja	Maur	9991
Christin	Himmel	9965
Anne	Bohm	9927
Kerstin	Kuhn	9811
…	…	…

Tab. 4.5 ABC-Analyse (Einteilung der Klassen). (Datenquelle: Fake-Shop24)

Vorname	Nachname	Gesamtumsatz (EUR)	Umsatz kumuliert (EUR)	Anteil Umsatz kumuliert (%)	Gruppe
Karolin	Bürger	10.895	10.895	0,04 %	A
Petra	Weber	10.799	21.694	0,07 %	A
Thomas	Strauss	10.284	31.978	0,11 %	A
Philipp	Bachmeier	10.056	42.034	0,14 %	A
Sabrina	Meier	10.013	52.047	0,17 %	A
…	…	…	…	…	…
Kevin	Engel	3142	21.298.678	69,99 %	A
Lena	Berg	3142	21.301.820	70,00 %	A
Petra	Meister	3142	21.304.962	70,01 %	B
Lena	Ebersbacher	3139	21.308.101	70,02 %	B
…	…	…	…	…	…
Daniela	Fischer	1013	28.909.368	95,00 %	B
Ulrike	Jager	1013	28.910.381	95,00 %	B
Laura	Walter	1013	28.911.394	95,01 %	C
Christina	Freytag	1013	28.912.407	95,01 %	C
…	…	…	…	…	…

Letztendlich führen die gezogenen Grenzen dazu, dass mit rund 40 % der Personen 70 % des Umsatzes erzeugt werden (Gruppe A). Mit den letzten knapp 20 % der Personen aus der Datenbank werden nur rund 5 % des Umsatzes generiert (Gruppe C). Dazwischen ordnet sich die Gruppe B ein

Ableitung von Maßnahmen

Zu erkennen ist insgesamt, dass sich keine klassische Pareto-Verteilung ergibt, da die Umsätze vor allem im oberen Bereich eher gleich verteilt sind und es nicht eine vergleichsweise kleine Gruppe von Personen (20 %) mit extrem hohen Umsätzen (80 %) gibt. Insofern kann die ABC-Analyse z. B. dabei helfen, Marketingmaßnahmen differenziert einzusetzen. Da die A-Kunden die wichtigsten Kunden darstellen, können beispielsweise die Anreize für Wiederkäufe (z. B. durch einen Gutschein) deutlich höher sein als bei B- oder C-Kunden. Auch könnte ein Unternehmen bei eigenen Fehlern als Entschädigung für einen A-Kunden deutlich mehr Geld in die Hand nehmen als bei einem B-Kunden.

4.2.1.4 Kundendeckungsbeitragsrechnung

Eine weitere Vorgehensweise zur Segmentierung von Kunden ist die Kundendeckungsbeitragsrechnung. Als Deckungsbeitrag wird derjenige Betrag bezeichnet, der über die variablen Kosten hinausgehend einen Anteil (= Beitrag) zur Deckung der Fixkosten leistet. Über eine Kundendeckungsbeitragsrechnung wird also festgestellt, wie profitabel ein Kunde in der Vergangenheit war, indem alle zurechenbaren Kosten für diesen Kunden den mit ihm erzielten Umsätzen gegenübergestellt werden (vgl. Reinecke & Janz, 2007, S. 84 f.; Banzhaf & Feyrer, 2006, S. 99–103; Bauer et al., 2006, S. 172 f.). An dieser Stelle kommt häufig die Frage auf, warum mit dem Deckungsbeitrag und nicht mit dem einfacher zu handhabenden Gewinn gearbeitet wird. Die Antwort liegt in dem Umstand begründet, dass bis zur Gewinnermittlung noch weitere Rechenschritte notwendig wären, für die allerdings eine Umlage der entstandenen Kosten nicht oder nur sehr schwer möglich ist. Also begnügen wir uns mit der kundenbezogenen Deckungsbeitragsrechnung, die uns Aussagen darüber liefert, ob der Kunde seine variablen Kosten deckt oder nicht – und damit auch eine Aussage dazu, ob das Unternehmen mit dem Kunden Geld verdient hat oder nicht. Eine mögliche Grundstruktur einer Kundendeckungsbeitragsrechnung ist in Tab. 4.6 dargestellt.

Zu erkennen ist, dass die Berechnung von den Bruttoerlösen ausgeht und stufenweise die dem Kunden konkret zuzurechnenden Kosten subtrahiert. Dadurch kann eine Aussage zur Profitabilität des Kunden auf jeder einzelnen Stufe getroffen werden. Zu den kundenbezogenen Erlösminderungen zählen beispielsweise gewährte Skonti, Rabatte oder Boni. Bei den Herstellkosten sind die Rohstoffe, die Produktverpackung sowie die Löhne der entsprechenden Mitarbeiter zu berücksichtigen. Zu den zurechenbaren Verkaufskosten zählten u. a. Besuche des Außendienstes oder die Bestellabwicklung. Die Service- und Transportkosten äußern sich z. B. im Kundendienst oder in kundenbezogenen Schulungen. Als Werbekosten können

Tab. 4.6 Grundstruktur Kundendeckungsbeitragsrechnung. (Quelle: Banzhaf & Feyrer, 2006, S. 102)

	Bruttoerlöse (zu Listenpreisen)
-	Effektive kundenbezogene Erlösminderungen
=	Nettoerlöse
-	Standard-Herstellkosten (oder auftragsweise nachkalkuliert)
=	Kundendeckungsbeitrag I
-	dem Kunden zurechenbare Verkaufskosten
=	Kundendeckungsbeitrag II
-	dem Kunden zurechenbare Service- und Transportkosten
=	Kundendeckungsbeitrag III
-	dem Kunden zurechenbare Werbekosten
=	Kundendeckungsbeitrag IV
-	Dem Kunden zurechenbare Marketingkosten
-	Dem Kunden zurechenbare Kosten des Vertriebs-Innendienstes
=	Kundendeckungsbeitrag V

sich z. B. Regalmieten im Groß- oder Einzelhandel oder Beteiligungen an der Handelswerbung betrachtet werden. Kosten für Mailings und Kataloge stellen schließlich Beispiele für zurechenbare Marketingkosten dar (vgl. Banzhaf & Feyrer, 2006, S. 99–103).

Vorteile (vgl. Bauer et al., 2006, S. 172 f.; Reinecke & Janz, 2007, S. 84 f.):

- Die Vorteile liegen in einer stufenbezogenen Betrachtung, wobei die Kosten einbezogen werden. Insofern liegt ein höherer Aussagegehalt als bei einer reinen Umsatzbetrachtung, wie beispielsweise bei der ABC Analyse, vor.
- Es besteht die Möglichkeit zur Einschätzung der vorhandenen Kosten im Hinblick auf Umsatz bzw. Abnahmemenge.
- Gegebenenfalls vorhandene Wirtschaftlichkeitsverluste können identifiziert und auf einer bestimmten Stufe verortet werden.
- Unterschiedliche Kunden können miteinander verglichen werden.
- Auf Basis der Profitabilität können konkrete Maßnahmen abgeleitet werden.

Nachteile (vgl. Bauer et al., 2006, S. 172 f.; Reinecke & Janz, 2007, S. 84 f.):

- Durch die periodenbezogene Betrachtung werden willkürliche Zeiträume gewählt und verglichen.
- Die Analyse basiert ausschließlich auf Vergangenheitswerten, die nicht zwangsläufig Aussagen über die Zukunft zulassen, d. h., das künftige Potenzial eines Kunden wird nicht betrachtet.
- Die Analyse betrachtet ausschließlich den monetären Beitrag des Kunden, nicht jedoch nicht monetäre Beiträge wie beispielsweise den Informationswert oder den Referenzwert des Kunden.

4.2.1.5 Customer Lifetime Value

Eine höhere Aussagekraft als der Kundendeckungsbeitrag besitzt der Customer Lifetime Value (CLV). Im Gegensatz zum Kundendeckungsbeitrag werden über den CLV nicht nur diejenigen Einzahlungen und Auszahlungen betrachtet, die in der Vergangenheit stattgefunden haben, sondern es werden auch künftige Zahlungen berücksichtigt. Erwartete künftige Zahlungen werden dabei auf den aktuellen Zeitpunkt abgezinst. Die Logik dahinter ist, dass ein Euro, den das Unternehmen künftig verdient, weniger wert ist als der Euro, der zum aktuellen Zeitpunkt verdient wird. Der CLV kann sowohl auf einen einzelnen Kunden als auch auf ein gesamtes Kundensegment angewendet werden. Damit kann festgehalten werden, dass der CLV beschrieben werden kann als der auf den aktuellen Zeitpunkt abgezinste Deckungsbeitrag eines Kunden bzw. Kundensegmentes über die Dauer der Kundenbeziehung hinweg. In der Theorie und in der Empirie haben sich inzwischen zahlreiche Varianten für die Berechnung des CLV herausgebildet (vgl. Walsh et al., 2020, S. 257 f.; Steiner, 2009, S. 10–12). In der Praxis werden häufig jedoch einfachere Verfahren zur Bestimmung des CLV genutzt, die auf eine Abzinsung der künftigen Ein- und Auszahlungen verzichten.

Die Annahmen im Hinblick auf künftige Einzahlungen und Auszahlungen sowie die Lebensdauer der Kundenbeziehung sind insofern schwierig zu treffen, als diese einer Reihe von Einflussfaktoren unterliegen. Beispielsweise können Bedürfnisse des Kunden sich ändern und er benötigt eine andere Produktkategorie in einem anderen Preisniveau oder aber das eigene Unternehmen bietet diese Produktkategorien überhaupt nicht an, sodass der Kunde zur Konkurrenz wechselt. Auch eine künftige Unzufriedenheit mit der Produktqualität oder dem Kundenservice kann zu einer vorzeitigen Beendigung der Kundenbeziehung führen (vgl. Deutsches Institut für Marketing, 2018).

Konkret müssen u. a. folgende Variablen geschätzt werden (vgl. Scheed & Scherer, 2019, S. 82 f.):

- **Dauer der Geschäftsbeziehung zwischen Kunde und Unternehmen:** Von welcher Dauer ist grundsätzlich auszugehen? Welche Faktoren können Einfluss auf eine Verlängerung oder Verkürzung haben?
- **Preis der angebotenen Leistung:** Wie werden die angebotenen Leistungen weiterentwickelt? Welche Preise sind demzufolge zukünftig für die Leistungen realistisch? Gibt es Produktalternativen?
- **Kosten des eigenen Unternehmens:** Wie werden die angebotenen Leistungen weiterentwickelt? Welche Konsequenzen hat dies für die Rohstoff- und die Herstellungskosten?
- **Einkaufsvolumen des Kunden:** Wie viel wird der Kunde pro Betrachtungszeitraum einkaufen und wie hoch ist der Umsatz?

Über diese Punkte hinausgehend existieren fünf zentrale sogenannte Eignungsbedingungen, deren Ausprägung und Änderungspotenzial für den CLV von hoher Relevanz sind:

- Vertragsbindung,
- Mitgliedschaft,
- „Always a share",
- Umgebung variabler Ausgaben,
- Kontinuität.

Möchte man, wie bereits angeführt, eine Abzinsung der künftigen Ein- und Auszahlungen auf den aktuellen Betrachtungszeitpunkt vornehmen, so kann dies über folgende Formel erfolgen (vgl. Walsh et al., 2016, S. 238):

$$Kundenwert = \sum_{t=0}^{t=n} \frac{e_t - a_t}{(1+i)^t} = e_0 - a_0 + \frac{e_1 - a_1}{(1+i)} + \frac{e_2 - a_2}{(1+i)^2} + \ldots + \frac{e_n - a_n}{(1+i)^n}$$

Wobei:

e_t =   die Einzahlung zum Zeitpunkt t
a_t =   die Auszahlung zum Zeitpunkt t
i =   Kalkulationszinssatz

darstellen.

Zu erkennen ist, dass die Formel die Einzahlungen und Auszahlungen zu den Zeitpunkten 0, 1, 2, 3, … bis zum Zeitpunkt n in der Zukunft aufsummiert. Die Abzinsung erfolgt dabei über den sogenannten Kalkulationszinssatz. Der Kalkulationszinssatz stellt denjenigen Zinssatz dar, den das Unternehmen als Mindestzins erhalten möchte. Es handelt sich also um einen hypothetischen Zinssatz, den ein Unternehmen mit alternativen Anlagen verdienen könnte.

Der Vorteil des CLV ist aus dem Umstand heraus zu betrachten, dass für seine Berechnung nur sehr wenige Daten erforderlich sind. Neben dem Kalkulationszinssatz, der im Unternehmen sowieso bekannt sein müsste, sind dies lediglich die künftigen Auszahlungen. Da diese aber genauso geschätzt werden müssen wie die Dauer der Beziehung zum Kunden, können die Ergebnisse falsch sein. Insbesondere die Bestimmung der künftigen Umsätze ist mit Unsicherheit behaftet, da diese auf Vergangenheitswerten beruhen und sich nicht zwangsläufig auch künftig so fortschreiben lassen. Dies wiederum birgt die Gefahr falscher Schlussfolgerungen zu Marketingmaßnahmen. Weiterhin ist festzuhalten, dass die aufgezeigten Modelle zur Berechnung des CLV keine Cross- oder Upselling-Potenziale berücksichtigen, die im Zeitablauf jedoch zu einer deutlichen Steigerung des Kundendeckungsbeitrags führen könnten (vgl. Walsh et al., 2020, S. 257 f.). Denken wir an dieser Stelle beispielsweise an einen Studenten, der innerhalb weniger Jahre sein Einkommen vervielfachen und demzufolge über ganz andere Möglichkeiten verfügen wird. Schließlich gilt, genauso wie bei der Kundendeckungsbeitragsrechnung, dass ausschließlich monetäre Aspekte Berücksichtigung finden – nicht monetäre Aspekte wie der Informationswert oder der Referenzwert des Kunden werden nicht betrachtet.

4.2.1.6 Bewertung der eindimensionalen Ansätze

Der Vorteil einer eindimensionalen Betrachtung liegt in dem Umstand begründet, dass nur wenige Daten benötigt werden und die Berechnung sehr einfach und schnell erfolgen kann. Damit können, je nach verwendetem Verfahren, eines oder mehrere der in Abschn. 4.1.2 identifizierten Potenziale einer Kundensegmentierung gehoben werden. Werden die Verfahren der eindimensionalen Analyse in regelmäßigen Zeitabständen angewandt, so lassen sich auch Veränderungen der Kundenstruktur im Zeitablauf erfassen, die ggf. Anlass für Maßnahmen sein können. Aufgrund der Tatsache, dass jedoch nur ein Merkmal zur Abgrenzung genutzt wird, entsteht ein hohes Maß an Unschärfe, da sich die Kunden eines Segments nur in exakt einem Merkmal ähneln, sich aber in vielen anderen Merkmalen unterscheiden können. Bei den betrachteten eindimensionalen Ansätzen werden insbesondere „weiche" Faktoren nicht berücksichtigt. So wird bei der CLV-Betrachtung beispielsweise nicht berücksichtigt, ob ein Kunde in der Lage ist, weitere Kunden zu gewinnen (z. B. aufgrund einer herausgehobenen sozialen Stellung). Ein solcher Kunde sollte auch bei einem geringen CLV gehalten werden, da er je Periode eine Anzahl X an Kunden gewinnen kann, ohne dass das Unternehmen dabei einen Aufwand hat (vgl. Bauer et al., 2006, S. 179–181; Krafft & Albers, 2000, S. 517).

4.2.2 Multidimensionale Ansätze der Kundensegmentierung

Die RFM-Analyse gehört zu den Scoring-Verfahren. Auch über diese Analyse sollen die Kunden in unterschiedliche Segmente aufgeteilt werden, Differenzierungsmerkmal ist hierbei die Wahrscheinlichkeit eines Kaufes. Auf diese Weise kann beispielsweise eine Entscheidung darüber getroffen werden, bei welchem Kunden eine teure Marketingmaßnahme umgesetzt werden soll (vgl. Heesen, 2023, S. 457–458; Kohrmann, 2003, S. 30).

Die Buchstaben RFM stellen Abkürzungen für die zur Beurteilung genutzten Kriterien dar (vgl. Blattberg et al., 2008, S. 324–326):

- **Recency (Aktualität):** Das erste Kriterium gibt Auskunft darüber, welcher zeitliche Abstand zur letzten gemessenen Aktivität des Kunden besteht. Je länger die letzte Aktivität zurückliegt, desto geringer ist die Kaufwahrscheinlichkeit des Kunden. Welche Aktivität zur Analyse genutzt wird, obliegt dem Analysten. Genutzt werden kann beispielsweise der letzte Kauf des Kunden, das letzte Öffnen einer E-Mail oder der letzte Besuch in einer Filiale (sofern gemessen).

- **Frequency (Häufigkeit):** Das Kriterium der Häufigkeit bezieht sich auf die zur Beurteilung der Aktualität genutzte Aktivität. Konkret gibt das zweite Kriterium also Auskunft darüber, wie häufig der Kunde eine gewisse Aktivität wie beispielsweise einen Einkauf oder einen Besuch der Webseite ausgeübt bzw. durchgeführt hat. Im Modell wird nun davon ausgegangen, dass häufigere Aktivitäten in der Vergangenheit für eine höhere Kaufwahrscheinlichkeit sprechen.
- **Monetary (Umsatz):** Das dritte Kriterium umfasst den Umsatz, den der Kunde in einem bestimmten Betrachtungszeitraum getätigt hat. Je höher der getätigte Umsatz, so die Annahme des Modells, desto höher ist die Kaufwahrscheinlichkeit.

Die Durchführung der Analyse erfolgt in vier Schritten:

1. Erfassung der Ausprägung der Kriterien für jeden einzelnen Kunden,
2. Einteilung der Klassen je Kriterium,
3. Bildung des Gesamtscores sowie
4. Ableitung einer Segmentierung.

Beispiel: RFM-Analyse

Nachdem wir die Kunden des Fake-Shops im Hinblick auf die drei Eigenschaften „Zeit seit letzter Bestellung", „Häufigkeit Webseitenbesuch" sowie „durchschnittlicher Bestellbetrag" beurteilt haben, können wir sie nun anhand des in der folgenden Tabelle angeführten Scoring-Modells bewerten. In der Folge können wir dann Segmente ableiten wie beispielsweise A-Kunden, deren letzte Bestellung weniger als sechs Monate zurückliegt, die seit der letzten Bestellung mehr als 10 Mal auf der Webseite waren und zwischen 150 und 200 € ausgegeben haben. B- und C-Kunden können in der Folge entsprechend eingeteilt werden.

Dimension	Operationalisierung	Bewertung			
Recency	Zeit seit letzter Bestellung	Weniger als 3 Monate	Weniger als 6 Monate	Weniger als 12 Monate	Weniger als 18 Monate
		30 Punkte	20 Punkte	10 Punkte	0 Punkte
Frequency	Häufigkeit der Webseitenbesuche seit letzter Bestellung	Mehr als 10 Mal	Mehr als 5 Mal	Mehr als 3 Mal	Kein Besuch
		30 Punkte	20 Punkte	10 Punkte	0 Punkte
Monetary	Durchschnittlicher Betrag der letzten drei Bestellungen	150 bis 200 €	100 bis 150 €	50 bis 100 €	Unter 100 €
		30 Punkte	20 Punkte	10 Punkte	0 Punkte

Quelle: Milesahead (2021); Boadum (2023) ◀

4.2.2.1 Diskriminanzanalyse

Zielsetzung der Diskriminanzanalyse ist es, Unterschiede zwischen Klassen zu identifizieren. Unterschiede zwischen zwei oder mehr Klassen werden an Variablen festgemacht. Im Rahmen der Diskriminanzanalyse kann untersucht werden (vgl. Kohn, 2005, S. 481),

- ob sich zwei oder mehr Klassen signifikant durch Variablen unterscheiden oder
- welche Variablen genutzt bzw. nicht genutzt werden können, um Klassen voneinander zu unterscheiden.

Bei der Diskriminanzanalyse wird mit einer abhängigen Variable gearbeitet, die nominal skaliert ist, und mehreren unabhängigen Variablen, die metrische Skalenniveaus besitzen (vgl. Backhaus et al., 2023, S. 225).

> **Beispiel: Diskriminanzanalyse**
>
> Unser fake-shop24.de verkauft zwei ähnliche Parfums konkurrierender Marken. Wir besitzen soziodemografische Daten über die Kunden, die eine der beiden Marken gekauft haben. Über eine Diskriminanzanalyse kann nun herausgefunden werden, ob signifikante Unterschiede in den Merkmalen der beiden Käuferklassen bestehen, und falls ja, über welche unabhängigen, metrisch skalierten Variablen (z. B. Einkommen, Alter …) die Zugehörigkeit zu einer der beiden Klassen (hier: nominal skalierte Variablen) „Parfum A" oder „Parfum B" festgestellt werden kann. ◄

Formal lässt sich die mit einer Diskriminanzanalyse zu lösende Fragestellung wie folgt beschreiben: Wir gehen von einer Grundgesamtheit aus, die aus mehreren Teilgesamtheiten (= Klassen) zusammengesetzt ist. Die in der Grundgesamtheit befindlichen Objekte gehören genau einer dieser Klassen an. Die Objekte lassen sich weiterhin über eine Anzahl an Merkmalen beschreiben. Zielsetzung ist es, ein beliebiges Objekt aus der Grundgesamtheit, dessen Klassenzugehörigkeit unbekannt ist, anhand des bekannten Merkmalsektors derjenigen Klasse richtig zuzuordnen, der es entnommen worden ist. Es handelt sich folglich um ein typisches Klassifikationsproblem (vgl. Kohn, 2005, S. 481 f.).

Für die Diskriminanzanalyse bestehen unterschiedliche Vorgehensweisen. Ein weit verbreiteter Ansatz ist die lineare Diskriminanzanalyse nach Fisher. Diese liegt auch häufig den Berechnungen von Statistikprogrammen wie beispielsweise SPSS zugrunde. Eine alternative Möglichkeit ist das Maximum-Likelihood-Verfahren. Die beiden Verfahren unterscheiden sich aber erst bei mehr als zwei

Klassen (vgl. Kohn, 2005, S. 482). Das grundsätzliche Vorgehen bei einer Diskriminanzanalyse lässt sich anhand von sechs Schritten beschreiben (vgl. Backhaus et al., 2023, S. 226):

- **Schritt 1:** Festlegung sowohl der Gruppen als auch der deskriptiven Variablen, weiterhin wird die zu nutzende Diskriminanzfunktion festgelegt
- **Schritt 2:** Schätzung der Diskriminanzfunktion (bei zwei Gruppen) bzw. der Diskriminanzfunktionen (bei mehr als zwei Gruppen), so dargestellt, dass eine möglichst gute Unterscheidung in Bezug auf die Gruppen realisiert wird
- **Schritt 3:** Prüfung der Diskriminanzfunktion bzw. der Diskriminanzfunktionen im Hinblick auf deren Trennschärfe
- **Schritt 4:** Prüfung der Trennschärfe der beschreibenden Variablen
- **Schritt 5:** Klassifikation der neuen Beobachtungen
- **Schritt 6:** Überprüfung der Modellannahmen

4.2.2.2 Clusteranalysen

Wie ich bereits eingangs dieses Kapitels festgestellt habe, wird mit der Segmentierung die Zielsetzung verfolgt, eine große heterogene Menge an Objekten (hier: Kunden eines Unternehmens) in kleinere, in sich homogene Gruppen zu unterteilen. Dadurch können spezifische Aussagen zu den gebildeten Gruppen getroffen werden. Statistisch lässt sich dies dadurch begründen, dass beispielsweise bei einer Betrachtung von Mittelwerten die Varianz bzw. die Standardabweichung in den einzelnen homogenen Gruppen deutlich kleiner ist als in der heterogenen Ausgangsgruppe. Damit besitzen Mittelwerte in den homogenen Segmenten eine höhere Aussagekraft als in der ursprünglichen gesamten Gruppe (vgl. König, 2018, S. 783 f.; Backhaus et al., 2023, S. 486 f.). Bei den bisher betrachteten Verfahren erfolgte die Segmentierung der Kunden auf Basis von im Vorfeld festgelegten Kriterien. So nutzen wir bei der ABC-Analyse beispielsweise den Umsatz und bei der RFM-Analyse den Umsatz, die Kaufhäufigkeit sowie die Aktualität der Käufe.

Gehen wir nun von der Situation aus, dass ein Unternehmen einen riesigen Datensatz über seine Kunden besitzt, der beispielsweise Informationen zum Geschlecht, Alter, Wohnort, ungefähren Jahreseinkommen, gekauften Produkten und weiteren Daten enthält. Gehen wir nun von 20.000 Kunden und 20 Variablen je Kunde aus, so wird schnell deutlich, dass eine Segmentierung sich sehr schwierig darstellen lässt. Wir können manuell einige Variablen kombinieren (z. B. Alter, ungefähres Jahreseinkommen sowie Produkte), um auf Basis dieser Daten Segmente abzuleiten (z. B. ein Segment mit sehr jungen und wohlhabenden Kunden, das ausschließlich teure Produkte kauft, sowie ein Segment mit lebensälteren Kunden mit mittlerem Einkommen, das eher günstige Produkte kauft). Die Qualität der resultierenden Segmente wäre aber letztendlich ausschließlich dem Zufall geschuldet und damit nicht repräsentativ bzw. aussagekräftig (vgl. Backhaus et al., 2023, S. 487–489).

   An dieser Stelle können wir die Clusteranalyse einsetzen. Sie unterstützt dabei, eine Gruppe an Objekten, die durch eine Anzahl an Merkmalen charakterisiert sind, so zu unterteilen, dass in sich homogene Gruppen entstehen (vgl. Abb. 4.1). Im Unterschied zu den bisher angeführten Verfahren wie der ABC-Analyse oder der RFM-Analyse werden die zur Segmentierung genutzten Variablen nicht im Vorfeld festgelegt, sondern im Rahmen der Analyse identifiziert. Dabei lässt sich die Cluster-analyse insbesondere für große Datenmengen einsetzen. Der Vorteil für Unter-

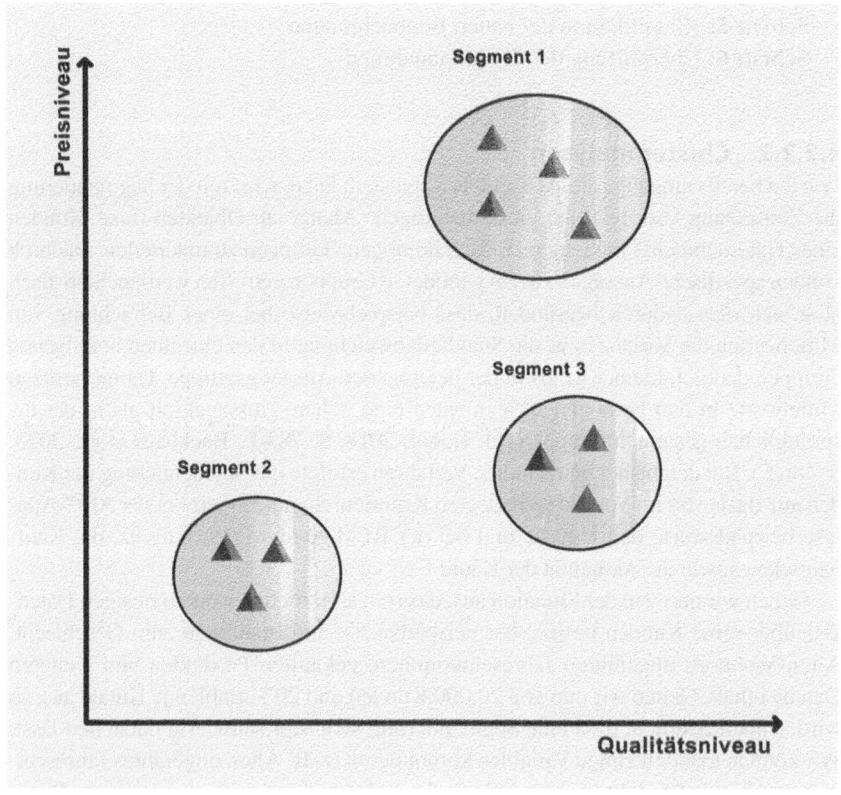

Abb. 4.1 Beispiele für die Ergebnisse einer Clusteranalyse. (Quelle: Backhaus et al., 2023, S. 488)

nehmen liegt, festgemacht am Beispiel des sehr großen Kundendatensatzes, auf der Hand: Durch die Clusteranalyse können im besten Fall Muster und Beziehungen in den Kundendaten identifiziert werden, die

1. eine trennscharfe Segmentierung erlauben und auf die
2. ein Mensch durch reines Überlegen in der überwiegenden Mehrheit der Fälle nicht gekommen wäre (vgl. Backhaus et al., 2023, S. 488 f.).

Zur Umsetzung einer Clusteranalyse wird in fünf Schritten vorgegangen:

1. Auswahl der Clustervariablen,
2. Bestimmung der Ähnlichkeiten bzw. Unähnlichkeiten zwischen den Daten,
3. Anwendung des Cluster-Algorithmus,
4. Bewertung der gewählten Lösung,
5. Interpretation.

Beim ersten Schritt – Auswahl der Clustervariablen, d. h. Bestimmung derjenigen Variablen, die generell zur Segmentierung infrage kommen – müssen einige Aspekte berücksichtigt werden (vgl. Backhaus et al., 2023, S. 490–493):

- **Relevanz der Variable für die Segmentbildung:** Sicherzustellen ist, dass die gewählten Variablen tatsächlich relevant für die Fragestellung sind. Gehen wir von der Kundensegmentierung aus, so dürfte bei einem Onlineshop für Oberbekleidung die Schuhgröße eine unerhebliche Segmentierungsvariable bzw. Clustervariable darstellen.
- **Unabhängigkeit der einzelnen Variablen:** Ein zweiter wichtiger Aspekt ist, dass zwischen den genutzten Variablen kein kausaler Zusammenhang bzw. keine Korrelation besteht. So könnte beispielsweise im angeführten Beispiel eine sehr hohe Korrelation zwischen dem Lebensalter der Personen und dem zur Verfügung stehenden Monatseinkommen bestehen. In diesem Fall sollte eine der beiden Variablen eliminiert werden. Dies ist auf den Umstand zurückzuführen, dass bei Verwendung von abhängigen bzw. korrelierten Variablen eine Redundanz vorliegt und damit automatisch eine Gewichtung vorgenommen wird. Damit wird einzelnen Variablen eine zu hohe Bedeutung für die Bildung der Segmente beigemessen. Dies trifft insbesondere zu, wenn intelligente Algorithmen genutzt werden.
- **Stabilität der Variablen:** Weiterhin ist darauf zu achten, dass die zur Clusterung genutzten Variablen eine gewisse Stabilität im Zeitablauf aufweisen. Wenn dies nicht der Fall ist, besitzen die resultierenden Cluster nur eine temporäre

Gültigkeit. Dies dürfte in den meisten Fällen von Nachteil sein, da die Clusterbildung zur Erarbeitung von Segmenten genutzt wird, die wiederum durch
Marketingmaßnahmen adressiert werden sollen. Diese Adressierung ist aber
nicht von jetzt auf gleich umsetzbar und benötigt deshalb stabile Cluster,
- **Beschreibbarkeit bzw. Messbarkeit:** Ein weiterer relevanter Aspekt ist, dass
  die zu verwendenden Clustervariablen entweder beobachtbar sind und damit
  gemessen oder aber durch eine Operationalisierung erfassbar gemacht werden können.
- **Verwendung einheitlicher Messdimensionen:** Schließlich ist zu berücksichtigen, dass die geplanten Clustervariablen einheitliche Dimensionen aufweisen. Wie wir später sehen werden, erfolgt die Clusterbildung auf Basis von
  Distanzen oder Ähnlichkeiten. Werden die Clustervariablen auf stark unterschiedlichen Skalen abgebildet (z. B. eine Variable, die im Bereich zwischen
  20.000.000 und 50.000.000 liegt und eine zweite Variable, die im Bereich zwischen 0 und 20) angesiedelt ist, so kann dies zu Herausforderungen im weiteren Verlauf der Clusteranalyse führen. Sollten unterschiedliche Messdimensionen vorliegen, so bietet sich eine Standardisierung an, sodass beispielsweise alle Variablen im Bereich zwischen null und eins verortet sind. Auf
  diese Art und Weise können auch intelligente Algorithmen sehr gut mit den
  Variablen arbeiten.

Der zweite Schritt in der Clusteranalyse umfasst die Bestimmung der Ähnlichkeiten
bzw. Unähnlichkeiten zwischen den Daten. Ausgangspunkt für die Analyse ist eine
beliebige Anzahl an Objekten (z. B. Kunden), die über eine beliebige Anzahl an Variablen beschrieben werden können. Über Ähnlichkeitsmaße wird nun zum Ausdruck
gebracht, wie hoch die Ähnlichkeit zwischen zwei betrachteten Objekten ist. Wird
hingegen die Unähnlichkeit gemessen, so kommen Distanzmaße zum Einsatz: Je un-
ähnlicher sich zwei Objekte sind, desto größer ist die Distanz zwischen den Objekten. Werden zwei Objekte betrachtet, die identisch sind, so resultiert hieraus eine Distanz von null. Ähnlichkeitsmaße und Distanzmaße sind weiterhin als rudimentär zu
betrachten, d. h., die Summe aus Ähnlichkeit und Unähnlichkeit ergibt immer eins.
Die Entscheidung über die Verwendung eines Ähnlichkeits- oder eines Distanzmaßes
kann hierbei jedoch nicht frei getroffen werden, sondern hängt vom Skalenniveau der
betrachteten Variablen ab (vgl. Backhaus et al., 2023, S. 493 f.). In der Literatur wird
in Abhängigkeit vom Skalenniveau der Variablen eine Reihe unterschiedlicher Ähn-
lichkeits- bzw. Distanzmaße beschrieben, auf die an dieser Stelle aber nicht näher
eingegangen werden soll (vgl. z. B. Handl & Kuhlenkasper, 2017, S. 91–118). Ergeb-

nis dieses Schrittes ist eine Ähnlichkeits- oder Distanzmatrix. Basierend auf dieser Matrix kann nun ein Cluster-Algorithmus zur Anwendung gelangen. Unterschieden wird generell zwischen hierarchischen Verfahren und partitionierenden Verfahren. Das Bekannteste der partitionierenden Verfahren dürfte wohl der K-Means-Algorithmus darstellen, bei dem jedes Cluster durch dessen Schwerpunkt repräsentiert wird, welcher sich aus dem Mittelwert der Objekte des Clusters bestimmt. Aus diesem Grund wird der K-Means-Ansatz auch als Clusterzentrenanalyse bezeichnet. Bedeutung besitzt dieser Ansatz vor allem im Zusammenhang mit der Analyse großer Datenmengen. Höhere praktische Bedeutung besitzen jedoch die hierarchischen agglomerativen Verfahren (vgl. Backhaus et al., 2023, S. 493 f.).

Bei diesem Verfahren wird zunächst von einer Anzahl an Clustern ausgegangen, die der Anzahl der Objekte entspricht, d. h., jedes Objekt wird als eigenes Cluster interpretiert. Basierend auf den Ähnlichkeiten bzw. Distanzen zwischen diesen Objekten werden diejenigen Cluster identifiziert, die die größte Ähnlichkeit aufweisen, und zusammengefasst. Dadurch reduziert sich die Anzahl der vorhandenen Cluster. In der Folge wird eine Neuberechnung der Ähnlichkeiten bzw. Distanzen durchgeführt und wiederum eine Fusionierung vorgenommen, bis nur noch ein einziges Cluster vorliegt. Vor Beginn des vierten Schrittes liegt also eine Situation vor, in der ausgehend von Einzelobjekten eine vollständige Fusionierung zu einem einzigen Cluster stattgefunden hat. An dieser Stelle gilt es zu entscheiden, wie viele Cluster gewählt werden sollen. Hierbei wird die Entscheidung bei der Clusteranalyse nicht aufgrund subjektiver Einschätzungen, sondern aufgrund statistischer Kriterien getroffen. Dabei tritt insofern ein Zielkonflikt auf, als ein Tradeoff zwischen zu vielen Clustern und damit einer nicht handhabbaren Lösung und zu wenigen Clustern und damit einer wenig trennscharfen Abgrenzung gefunden werden muss. Auch für die Bestimmung der Clusteranzahl existieren sehr unterschiedliche Verfahren. Ein Beispiel stellt die Methode nach Calinski und Harabasz dar, bei der der Grundlogik der Varianzanalyse gefolgt wird. Konkret wird als Entscheidungsgröße das Verhältnis der Streuung zwischen den einzelnen Clustern und der Streuung innerhalb eines Clusters genutzt. Der vierte Schritt endet mit einer Bewertung der gewählten Lösung im Hinblick auf deren Stabilität und die Verlässlichkeit. Hierbei wird unter anderem überprüft, ob andere Methoden zur Fusionierung zu ähnlichen Ergebnissen gelangen oder deutlich unterschiedliche Fusionierungsschritte auftreten. Liegt der letztgenannte Fall vor, so lassen sich unterschiedliche Strukturen in den Daten identifizieren, d. h., eine Differenzierung der Cluster erfolgt aufgrund unterschiedlicher Variablen. Der letzte Schritt der Clusteranalyse beinhaltet eine Interpretation der gefundenen bzw. gewählten Lösung (vgl. Backhaus et al., 2023, S. 504–530).

Literatur

Backhaus, K., Erichson, B., Gensler, S., Weiber, R., & Weiber, T. (2023). *Multivariate Analysemethoden: Eine anwendungsorientierte Einführung* (17. Aufl.). Springer Gabler. https://doi.org/10.1007/978-3-658-40465-9

Bagusat, A. (2006). *Kundenbindungsstrategien für Business-to-Consumer-Märkte*. DUV. https://doi.org/10.1007/978-3-8350-9023-1

Banzhaf, J., & Feyrer, Y. (2006). Kundensegmentierung mittels Kundendeckungsbeitragsrechnung als anwendungsbezogenes Instrument wertorientierter Unternehmensführung. In J. Banzhaf & S. Wiedmann (Hrsg.), *Entwicklungsperspektiven der Unternehmensführung und ihrer Berichterstattung* (S. 93–107). DUV. https://doi.org/10.1007/978-3-8350-9395-9_7

Bauer, H. H., Stokburger, G., & Hammerschmidt, M. (2006). *Marketing Performance: Messen – Analysieren – Optimieren*. Gabler. https://doi.org/10.1007/978-3-8349-0664-9

Blattberg, R. C., Kim, B.-D., & Neslin, S. A. (2008). *Database marketing*. Springer New York. https://doi.org/10.1007/978-0-387-72579-6

Boadum, L. (2023). RFM-Analyse: Die 3 KPIs zur Segmentierung von Kundinnen und Kunden. Hubspot. https://blog.hubspot.de/sales/rfm-analyse. Zugegriffen am 13.09.2023.

Bruhn, M. (2022). *Marketing: Grundlagen für Studium und Praxis*. Springer Gabler. https://doi.org/10.1007/978-3-658-36298-0

Dannenberg, H., & Zupancic, D. (2008). *Spitzenleistungen im Vertrieb. Optimierungen im Vertriebs- und Kundenmanagement*. Gabler.

Deutsches Institut für Marketing. (2018). Customer Lifetime Value – Was ein Kunde wert ist. https://www.marketinginstitut.biz/blog/customer-lifetime-value/. Zugegriffen am 05.09.2023.

Freter, H. (2008). *Markt- und Kundensegmentierung: Kundenorientierte Markterfassung und -bearbeitung* (2. Aufl.). Kohlhammer.

Großklaus, R. H. G. (2006). *Positionierung und USP*. Gabler. https://doi.org/10.1007/978-3-8349-9227-7

Handl, A., & Kuhlenkasper, T. (2017). *Multivariate Analysemethoden* (3. Aufl.). Springer Spektrum. https://doi.org/10.1007/978-3-662-54754-0

Heesen, B. (2023). *Künstliche Intelligenz und Machine Learning mit R. Anwendungen im Bereich Business Analytics*. Springer Gabler. https://doi.org/10.1007/978-3-658-41576-1

Kaufmann, T. (2021). *Strategiewerkzeuge aus der Praxis. Analyse und Beurteilung der strategischen Ausgangslage*. Springer Gabler. https://doi.org/10.1007/978-3-662-63105-8

Kindermann, H. (2006). *Optimierung der Kundenbindung in Massenmärkten*. DUV. https://doi.org/10.1007/978-3-8350-9344-7

Kleiner, T. (2009). *Ansätze zur Kundensegmentierung und zu deren Implementierung im Finanzdienstleistungssektor*. Gabler. https://doi.org/10.1007/978-3-8349-9947-4

Kohn, W. (2005). *Statistik: Datenanalysis und Wahrscheinlichkeitsrechnung*. Springer. https://doi.org/10.1007/b138042

Kohrmann, O. (2003). *Mehrstufige Marktsegmentierung zur Neukundenakquisition: Am Beispiel der Telekommunikation*. Deutscher Universitätsverlag. https://doi.org/10.1007/978-3-322-81628-3

König, P. D. (2018). Clusteranalysen. In M. Apelt, I. Bode, R. Hasse, U. Meyer, V. V. Groddeck, M. Wilkesmann, & A. Windeler (Hrsg.), *Handbuch Organisationssoziologie* (S. 1–37). Springer VS. https://doi.org/10.1007/978-3-658-16937-4_32-1

Krafft, M., & Albers, S. (2000). Ansätze zur Segmentierung von Kunden – Wie geeignet sind herkömmliche Konzepte? *Schmalenbachs Zeitschrift für betriebswirtschaftliche Forschung, 52*(6), 515–536. https://doi.org/10.1007/BF03372627

Milesahead. (2021). Das RFM-Modell zur Berechnung des Kundenwerts und zur Segmentierung. http://milesahead.ch/7/post/2021/04/das-rfm-modell-zur-berechnung-des-kundenwerts-und-zur-segmentierung.html. Zugegriffen am 13.09.2023.

Müller, C., Nahr-Ettl, C., & Möller, R. (2015). Kundensegmentierung als Kernaufgabe. In J. Freiling & T. Kollmann (Hrsg.), *Entrepreneurial Marketing* (2. Aufl., S. 103–120). Springer Gabler. https://doi.org/10.1007/978-3-658-05026-9_6

Reinecke, S., & Janz, S. (2007). *Marketingcontrolling: Sicherstellen von Marketingeffektivität und -effizienz*. Kohlhammer.

Schawel, C., & Billing, F. (2018). *Top 100 Management Tools: Das wichtigste Buch eines Managers: von ABC-Analyse bis Zielvereinbarung* (6. Aufl.). Springer Gabler.

Scheed, B., & Scherer, P. (2019). *Strategisches Vertriebsmanagement: B2B-Vertrieb im digitalen Zeitalter*. Springer Gabler.

Steiner, V. (2009). *Modellierung des Kundenwertes: Ein branchenübergreifender Ansatz*. Gabler.

Walsh, G., Dose, D., & Schwabe, M. (2016). *Marketingübungsbuch*. Springer Gabler. https://doi.org/10.1007/978-3-662-52985-0

Walsh, G., Deseniss, A., & Kilian, T. (2020). *Marketing: Eine Einführung auf der Grundlage von Case Studies* (3. Aufl.). Springer Gabler. https://doi.org/10.1007/978-3-662-58941-0

Customer Analytics

5

Dieses Kapitel setzt sich mit Customer Analytics auseinander. Unter Customer Analytics verstehe ich eine auf der Analyse von Kundendaten basierende Vorgehensweise, die auf die Gewinnung von Customer Insights abzielt. Bevor ich jedoch auf Customer Analytics eingehe, zeige ich mit dem von mir entwickelten Datenzyklus einen Rahmen auf, in den ein Unternehmen Customer Analytics einbetten kann (Abschn. 5.1). Der Datenzyklus beschreibt im Kern den Prozess der Datengewinnung, -verarbeitung sowie der Nutzbarmachung von Daten. In dem folgenden Abschnitt gehe ich auf die für das Verständnis notwendigen Grundlagen ein (Abschn. 5.2). Dies sind zum einen die datenbezogenen Grundlagen (Welche Daten stehen uns zur Verfügung?), wobei ich den Schwerpunkt auf Big Data lege, und zum anderen lege ich die Grundlagen zum Themenfeld KI, die eine wesentliche Voraussetzung für fortgeschrittene Analysemethoden in Zusammenhang mit Customer Analytics darstellt. Den Hauptteil dieses Kapitels bilden die vier unterschiedlichen, aufeinander aufbauenden Varianten von Customer Analytics (Abschn. 5.3).

5.1 Arbeit mit Daten: Der Datenzyklus

Unabhängig davon, welche konkreten Methoden und Analyseverfahren zur Gewinnung von Customer Insights wir verwenden, werden Daten benötigt. In diesem Zusammenhang habe ich mit dem Datenzyklus ein einfaches, aber wirksames Prozessmodell entwickelt. Es beschreibt das zur Gewinnung, zur Auswertung sowie zur Aktivierung bzw. Nutzbarmachung von Daten für die Entscheidungsfindung in einem Unternehmen zweckmäßigerweise genutzte Vorgehen. Der Datenzyklus umfasst dabei fünf Schritte (siehe hierzu Abb. 5.1; vgl. hier und im Folgenden Rashedi, 2020, S. 11–52).

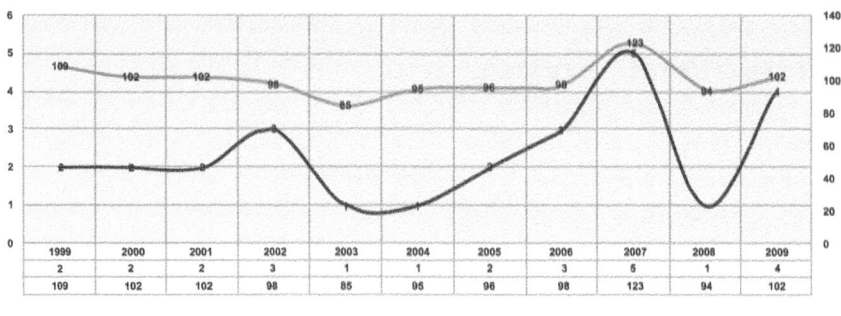

Abb. 5.1 Datenzyklus. (Quelle: Rashedi, 2020, S. 6)

Der erste Schritt – Collect – umfasst das Sammeln von Daten. Wesentlicher Inhalt dieses Schrittes ist zu identifizieren, an welchen Punkten diejenigen Daten anfallen, die wir zur Gewinnung von Erkenntnissen über den Kunden benötigen. Hierzu lassen sich folgende Leitfragen formulieren:

- Welche Daten benötigen wir, um Erkenntnisse über den Kunden zu gewinnen?
- Welche Kontaktpunkte zum Kunden (Touchpoints) bestehen bereits?
- Welche Daten entstehen an diesen Kontaktpunkten?
- Welche weiteren Quellen können wir nutzen, um Informationen über den Kunden zu gewinnen?

Haben wir die Daten gesammelt, gehen wir in die Phase „Understand" über. In dieser Phase stellen wir uns die Frage, wie die Daten entstehen, und versuchen ein Verständnis für die Daten zu entwickeln. Am Ende sollten wir in der Lage sein zu erkennen, welche Schlussfolgerungen wir aus den gesammelten Daten ziehen können, aber auch, welche Ableitungen wir nicht machen können. Wenn wir ein Verständnis über die Daten entwickelt haben, dann können wir auch Zusammenhänge zwischen Daten identifizieren und beispielsweise Treiber für Kennzahlen entwickeln. Wichtig ist es zudem, ein einheitliches Verständnis über die Bedeutung der gesammelten Daten im gesamten Unternehmen aufzubauen. Hierzu gehört beispielsweise ein gleiches Verständnis von im Unternehmen genutzten Metriken (z. B.: Sind bei dieser Umsatzgröße die Retouren bereits abgezogen oder nicht?).

Im dritten Prozessschritt – Decide – gilt es, die Voraussetzungen dafür zu schaffen, dass auf Basis der gesammelten und verstandenen Daten fundierte Entscheidungen getroffen werden können. Hierzu werden unterschiedliche Analyseverfahren und Modelle eingesetzt. Die Entscheidungen selbst können in der Folge entweder durch einen Menschen oder automatisiert von einem Algorithmus getroffen werden. Trifft ein Mensch die Entscheidung, so ist sicherzustellen, dass die für die Entscheidungsfindung relevanten Daten bedarfsgerecht aufbereitet sind, beispielsweise durch eine entsprechende Visualisierung. Ein Beispiel für eine automatisiert getroffene Entscheidung wäre eine dynamische Preisfindung, die durch einen Algorithmus gesteuert wird.

Die Automatisierung („Automate") des gesamten Datenprozesses stellt die Kernaufgabe im vierten Schritt dar. Es gilt, die Datensammlung, die Datenverarbeitung sowie die Visualisierung durch geeignete Tools so zu unterstützen, dass vormals manuell ausgeführte Tätigkeiten automatisiert umgesetzt werden können. Ein Beispiel in diesem Kontext wäre die automatisierte Erstellung von Reportings.

„Execute" als letzter Schritt in meinem Datenzyklus zielt auf die Ausführung im Sinne einer operativen Umsetzung ab. Hierbei findet eine kontinuierliche Wiederholung der Phasen Understand, Decide und Automate statt. Außerdem werden die gewonnenen Erkenntnisse über die Kunden im Unternehmen auf geeignete Weise kommuniziert.

5.2   Technologische Grundlagen der Customer Analytics

Bevor wir uns im Detail mit fortgeschrittenen Analysemethoden auseinandersetzen, müssen wir uns mit zwei Themen befassen: Dies ist der Begriff Big Data bzw. Big Data Analytics einerseits und der Begriff der künstlichen Intelligenz andererseits. Streng genommen stellen Big Data keine Technologie dar, vielmehr sind Big Data, also umfangreiche Datenmengen, das Ergebnis eines umfangreichen Technologieeinsatzes. So entstehen heutzutage einerseits Daten entlang der Wertschöpfungskette (z. B. durch Sensoren an Produktionsanlagen bei Industrieunternehmen) und andererseits durch Kunden oder potenzielle Kunden (z. B. in den Social Media).

Big Data Analytics

Dass wir uns bei der Analyse des Kundenverhaltens mit (digitalen) Daten auseinandersetzen müssen, ist dem Umstand geschuldet, dass tendenziell immer mehr Daten zur Verfügung stehen und diese Daten immer besser ausgewertet werden können. Die steigende Datenmenge ist global festzustellen (vgl. statista, 2023). Für das einzelne Unternehmen ist eine differenzierte Betrachtung vorzunehmen. Bei Industrieunternehmen ist das Anwachsen der Datenmenge insbesondere durch Sensorik an den Produktionsanlagen bedingt. Die generierten Daten helfen, den Produktionsprozess zu überwachen und zu steuern. In Zusammenhang mit Customer Analytics sind jedoch vor allem Kundendaten, die an den Touchpoints zwischen Unternehmen und Kunden generiert werden, von Relevanz.

Hierbei handelt es sich um Daten aus unterschiedlichen Quellen (z. B. Serviceanfragen, Interaktionsdaten aus den Social Media, E-Mail-Kommunikation mit dem Kunden, Webseiten …), die unterschiedliche Formate aufweisen (z. B. strukturiert vorliegende Daten in Form von Webseitenbesuchen oder unstrukturierte Daten wie beispielsweise E-Mail-Anfragen). Dies gilt insbesondere für Dienstleistungs- und Handelsunternehmen. Allerdings muss für diese Unternehmen zwischen den generierten Daten und den für eine Analyse zur Verfügung stehenden Daten unterschieden werden: Zwar sind auch in Zusammenhang mit dem E-Commerce deutlich mehr Daten entstanden, diese unterliegen aber durch gesetzliche Vorgaben wie die der DSGVO Einschränkungen und können deshalb nicht vollumfänglich genutzt werden. Wir sehen uns also zwei Entwicklungen mit gegenläufigen Auswirkungen auf den nutzbaren Datenumfang gegenüber.

Bringt man die in der Situationsbeschreibung angeführten Merkmale von Daten zusammen, so gelangt man zum Begriff Big Data. Dieser wurde in der Literatur ursprünglich über die sogenannten 3V definiert (vgl. Al-Mekhlal & Khwaia, 2019, S. 315 f.):

- **Volume:** Hohe Datenmenge, die mit traditionellen Tools nicht ausgewertet werden kann
- **Variety:** Große Vielfalt der Daten, sowohl im Hinblick auf die Art der Daten als auch die Quellen, aus denen die Daten generiert werden
- **Velocity:** Hohe Geschwindigkeit, mit der diese Daten generiert werden

In der Folge wurde die Definition von Big Data verfeinert, sodass wir heutzutage auch von 5V sprechen (vgl. Al-Mekhlal & Khwaia, 2019, S. 316 f.):

- **Veracity oder Validity:** Der Aspekt bezieht sich auf die Glaubwürdigkeit und die Richtigkeit von Daten. Bezug genommen wird hierbei also auf die Datenqualität. Allerdings sind Daten häufig unvollständig oder auch falsch, sodass eine Bereinigung durchgeführt werden muss, bevor mit diesen Daten gearbeitet werden kann.
- **Value:** Big Data besitzen einen Wert, sofern aus ihnen Erkenntnisse und ein Mehrwert für Unternehmen gewonnen werden können.

Für uns bedeutet das konkret: Es existieren umfangreiche Datenmengen, die Aufschluss über die Bedürfnisse und das Verhalten von Kunden geben können. Entscheiding ist es, die „richtigen" Daten zu identifizieren und diese so aufzubereiten, dass Erkenntnisse gewonnen werden können.

Im Hinblick auf die Datenanalyse hat sich in den letzten Jahren zudem aufgrund veränderter technologischer Möglichkeiten ein neues Vorgehen manifestiert: Ehemals kam der Manager oder der Funktionsbereich mit konkreten Fragen auf den Datenanalysten zu, die dieser durch eine Auswertung der Daten beantworten sollte. Heutzutage können aus den Datenbeständen auch proaktiv Fragen beantwortet werden, die über die offensichtlichen Fragestellungen hinausgehen. Konkret können durch intelligente Algorithmen Muster und Beziehungen aufgedeckt werden, die dem Menschen nicht aufgefallen wären. Das bedeutet gleichzeitig aber auch, dass Analytics nicht mehr nur eine „Servicestelle" ist, sondern Chancen und Potenziale aufzeigen kann, die den Unternehmenserfolg zu verbessern helfen. Meiner Erfahrung nach ist dies aber zum aktuellen Zeitpunkt in vielen Unternehmen ein noch nicht erreichtes Zielbild, dessen Erreichung vom Reifegrad des Unternehmens sowie den zur Verfügung stehenden Ressourcen abhängt. Vielfach stellen Fachbereiche Anforderungen an die Daten-Teams, die diese dann reaktiv umsetzen. Für eine proaktive Auseinandersetzung mit den Daten fehlen allerdings oft die notwendigen Ressourcen in zeitlicher oder personeller Hinsicht und/oder das Domänenwissen im Daten-Team. Unternehmen sind an dieser Stelle gefordert, sowohl Ressourcen zur Verfügung zu stellen als auch Knowhow aufzubauen. Sind diese Voraussetzungen geschaffen, können Daten-Teams nicht nur proaktiv tätig werden, sondern den Fachbereichen auch Leistungen wie Self Services zur Datenanalyse zur Verfügung zu stellen.

Künstliche Intelligenz
Für den Begriff künstliche Intelligenz (oder auch Artificial Intelligence) existiert aktuell keine allgemeingültige Definition. Dies ist auf den Umstand zurückzuführen, dass sich bereits der Begriff der Intelligenz einer Definition entzieht (vgl. Bünte, 2018, S. 5; Lämmel & Cleve, 2020, S. 9 f.). Vergleicht man unterschiedliche Definitionen bzw. Definitionsansätze zu künstlicher Intelligenz, so lässt sich allerdings eine Reihe von Gemeinsamkeiten und damit charakteristischen Eigenschaften von künstlicher Intelligenz identifizieren:

- Auch wenn wir menschliche Intelligenz nicht genau definieren können, ist die künstliche Intelligenz darauf ausgerichtet, die menschliche Intelligenz zu imitieren (vgl. Ertel, 2021, S. 2).
- Künstliche Intelligenz kann auch als künstlich geschaffene Intelligenz verstanden werden, die sich Mitteln wie des maschinellen Lernens bedient, um menschliche Eigenschaften wie etwa das Problemlösen oder die Entscheidungsfindung übernehmen zu können.

- Unterschieden wird zwischen einer starken und einer schwachen künstlichen Intelligenz. Eine starke künstliche Intelligenz ist nach wie vor dem Bereich der Science-Fiction zuzuordnen. Es handelt sich hierbei um einen Computer oder eine Maschine, die jedes Problem lösen und alle anfallenden Entscheidungen treffen kann. In der Realität setzen wir uns hingegen in der Regel mit schwachen künstlichen Intelligenzen auseinander. Hierbei handelt es sich um Algorithmen, die spezifische und eng abgegrenzte Fragestellungen beantworten oder Aufgaben bewältigen können (vgl. Apt & Priesack, 2019, S. 222 f.).
- Künstliche Intelligenz stellt einen Überbegriff für unterschiedliche Vorgehensweisen dar. Zwei wichtige Formen sind das maschinelle Lernen sowie vertieftes Lernen („Deep Learning").

Auf die Unterscheidung zwischen maschinellem Lernen (ML) und Deep Learning möchte ich an dieser Stelle noch etwas genauer eingehen. Der Zusammenhang ist in Abb. 5.2 dargestellt: Sowohl ML als auch Deep Learning sind Formen der KI, wobei Deep Learning eine Sonderform des maschinellen Lernens darstellt (vgl. Wuttke, o. J.).

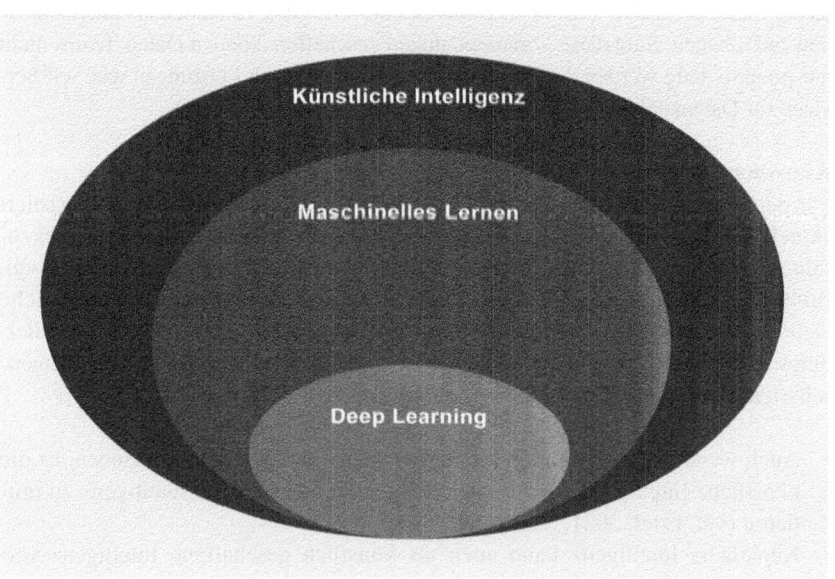

Abb. 5.2 Differenzierung KI

Maschinelles Lernen bedeutet, dass ein Algorithmus aus einer großen Anzahl an exemplarischen Fällen lernt, indem beispielsweise auf Basis von identifizierten Mustern und Zusammenhängen allgemeingültige Regeln aufgestellt werden. Unterschieden wird beim maschinellen Lernen zwischen dem überwachten Lernen (auch beaufsichtigtes Lernen), dem unüberwachten Lernen (auch unbeaufsichtigtes Lernen) sowie dem verstärkenden Lernen (Reinforcement Learning). Überwachtes Lernen bedeutet ein Training mit gelabelten Daten, d. h., dem Algorithmus werden beispielsweise Abbildungen von Autos und Schiffen präsentiert, die jeweils mit dem korrespondierenden Label (Auto oder Schiff) gekennzeichnet sind. Konkret heißt das also, dass dem Algorithmus sowohl die Eingabe in Form unterschiedlicher Abbildungen als auch die später vom Algorithmus erwarteten Ergebnisse in Form einer Klassifizierung der Abbildung als Auto oder Schiff präsentiert werden. Der Algorithmus erkennt im Laufe des Trainings Muster zwischen den Merkmalen in den Abbildungen und ist in der Folge in der Lage, nicht gekennzeichneten Eingabedaten (hier: Abbildung eines Autos ohne das Label „Auto") das richtige Label zuzuordnen. Neben einer Klassifizierung (= Zuordnung von Eingabedaten zu einer zahlenmäßig begrenzten Anzahl an Klassen) kann sich maschinelles Lernen auch auf die Ausgabe bzw. Vorhersage stetiger Werte beziehen. Beispielhaft hierfür wäre die Vorhersage einer Abwanderungswahrscheinlichkeit eines Kunden basierend auf numerischen Interaktionsdaten zwischen dem Kunden und dem Unternehmen. In beiden Fällen, sowohl der Klassifikation als auch der Regression, wird ein Modell erzeugt, das für die Verarbeitung neuer Daten genutzt werden kann (vgl. Cisek, 2021, S. 32–35).

Unüberwachtes Lernen bedeutet im Gegensatz zum überwachten Lernen, dass dem Algorithmus nur die späteren Eingabedaten präsentiert werden, nicht aber die gewünschte Ausgabe. Wiederum bezogen auf das bereits genannte Beispiel würden dem Algorithmus also lediglich die Abbildungen, nicht jedoch die korrespondierenden Label zur Verfügung gestellt. Der Algorithmus findet in der Folge eigenständig die für das gewünschte Ergebnis relevanten Merkmale heraus (hier: Vorhandensein von Rädern oder einer Schiffsschraube). Der Vorteil des unüberwachten Lernens ist in dem Umstand zu sehen, dass die Eingabedaten nicht gelabelt werden müssen, was den Aufwand deutlich reduziert (vgl. Cisek, 2021, S. 35–37).

Auf den Ansatz des Reinforcement Learnings wird an dieser Stelle nicht vertiefend eingegangen, da dieser Ansatz primär in der Robotik, bei Videospielen oder beim autonomen Fahren eingesetzt wird. Im Kern beruht der Ansatz auf dem Belohnen bzw. Bestrafen von Maßnahmen, die der Zielerreichung dienen bzw. nicht dienen (vgl. De Florio-Hansen, 2020, S. 60).

Deep Learning stellt eine Sonderform des maschinellen Lernens dar. Zentral für Deep Learning sind künstliche neuronale Netze. Ein künstliches neuronales Netz (in der Folge: neuronales Netz) ist in seiner Grundstruktur dem Gehirn eines Menschen nachempfunden. Ein neuronales Netz besteht aus einzelnen Neuronen, die über Kanten mit anderen Neuronen verbunden sind. Die Neuronen sind in unterschiedlichen Schichten organisiert, die Kanten können unterschiedliche Gewichtungen aufweisen. Typischerweise besteht ein neuronales Netz aus einer Input-Schicht, den verdeckten Schichten – auch als „Hidden Layers" oder verarbeitende Schichten bezeichnet – sowie einer Output-Schicht. Die Neuronen der Input-Schicht sind in der Lage, Informationen aus der Umwelt aufzunehmen und damit in das neuronale Netz zu überführen. In den verdeckten Schichten findet eine Verarbeitung statt. Über die Output-Schicht können Informationen aus dem neuronalen Netz heraus an die Außenwelt übergeben werden. Diese Ausgabe stellt ein Ergebnis z. B. in Form einer Vorhersage dar. Die Anzahl der Neuronen je Schicht und damit auch die Neuronenzahl für das gesamte Netz ist nicht festgelegt. Ein neuronales Netz kann jedoch beliebig viele Verarbeitungsschichten enthalten. Je mehr Verarbeitungsschichten ein neuronales Netz umfasst, desto komplexere Aufgaben können abgebildet werden. Gleichzeitig steigt aber die für die Arbeit mit dem neuronalen Netz notwendige Rechenleistung. Dies ist der Grund, warum neuronale Netze erst in den letzten Jahren an Bedeutung gewonnen haben, obwohl die zugrunde liegende Theorie bereits in den 1940er-Jahren entwickelt worden ist (vgl. Steinwendner & Schwaiger, 2023, S. 25–37). Allerdings tritt in Zusammenhang mit der Anzahl der Schichten der Effekt des abnehmenden Grenznutzens auf, da ab einer bestimmten Zahl von Verarbeitungsschichten der zusätzliche Nutzen in Form einer besseren Vorhersage durch eine weitere Verarbeitungsschicht die hierfür zusätzlich benötigten Ressourcen nicht mehr rechtfertigt.

Wie funktioniert nun ein neuronales Netz konkret? Jedes Neuron der verarbeitenden Schichten und der Ausgabeschicht kann Eingaben in Form eines Wertes von einem Neuron der vorhergehenden Schicht erhalten. Aus dieser Eingabe resultiert eine Aktivierung des Neurons. Diese Aktivierung führt zur Ausgabe eines Wertes. Die Aktivierung unterscheidet sich in Abhängigkeit von der Art des neuronalen Netzes und kann durch eine Funktion beschrieben werden. Einem neuronalen Netz können nun Ergebnisse basierend auf einem bestimmten Input vorgegeben werden (Beispiel: Bei diesem Foto mit Millionen Pixeln handelt es sich um ein Katzenbild, dieses Foto zeigt einen Hund …). Dieser Prozess nennt sich Training. Dabei verändern sich die einzelnen Gewichtungen der Kanten. Die „Intelligenz" eines neuronalen Netzes aufgrund des Trainings manifestiert sich letztendlich in den Gewichtungen der Kanten (vgl. Ertel, 2021, S. 258–288; Strecker, 1997, S. 5–10; Cociancig, o. J.).

ML sowie neuronale Netze als Sonderform von ML lassen sich durch die in Tab. 5.1 dargestellten Merkmale charakterisieren.

Tab. 5.1 Unterschied maschinelles Lernen und neuronale Netze. (Quelle: Eigene Darstellung basierend auf Wuttke, o. J.)

Merkmale	Maschinelles Lernen	Neuronale Netze
Input	Benötigt strukturierte Daten	Benötigt nicht zwangsläufig strukturierte Daten
Umfang der zu verarbeitenden Daten	Kleine bis große Datenmengen	Eher große Datenmengen
Vorbereitung der Daten	Bereinigung/Vorverarbeitung und Feature Selection	Nur Bereinigung/ Vorverarbeitung
Nachvollziehbarkeit durch den Menschen	Bei manchen Algorithmen gegeben (z. B. Regression, kleine Entscheidungsbäume)	In der Regel nicht möglich, es wird daran gearbeitet (Explainable KI)
Notwendige Hardware	Auf jedem PC durchführbar	Spezifische Hardware notwendig durch umfangreiche Rechenoperationen

Neuronale Netze können also auch mit unstrukturierten Daten umgehen, die nicht weiter aufbereitet werden müssen. Beim klassischen maschinellen Lernen muss im Gegensatz dazu ein Analyst die Daten sichten und aufbereiten (z. B. unvollständige Daten ersetzen oder bereinigen). Weiterhin obliegt es dem Analysten, die durch den intelligenten Algorithmus zu bearbeitenden Merkmale (= Features) auszuwählen. Ein weiterer Unterschied zwischen den beiden Vorgehensweisen ist, dass der Mensch beim maschinellen Lernen zumindest in manchen Situationen nachvollziehen kann, was der Algorithmus gemacht hat. Bei neuronalen Netzen ist dies in der Regel unmöglich, da nicht nachvollzogen werden kann, was zwischen dem Input- und dem Output-Layer stattfindet. Neuronale Netze eignen sich besonders gut, wenn umfangreiche Datenmengen vorliegen und komplexe Muster identifiziert werden sollen. Ein typisches Anwendungsbeispiel ist die Entwicklung von Empfehlungssystemen im Marketing. In unserem Fakeshop könnte beispielsweise ein Empfehlungssystem eingesetzt werden, um einem Kunden, der seinen Einkauf gerade abschließt, weitere Produkte anzuzeigen. Jedoch sollten dies nicht irgendwelche Produkte sein, sondern solche, deren Einblendung der Kunde als einen Mehrwert betrachtet und bei denen eine hohe Wahrscheinlichkeit besteht, dass er sie kauft.

Beispiel: Empfehlungssystem im Marketing (Recommender System)

Empfehlungssysteme basieren auf den Präferenzen eines Nutzers, die er in der Vergangenheit gezeigt hat. Diese Präferenzen werden genutzt, um ihm möglicherweise für ihn relevante Inhalte vorzuschlagen (vgl. Peuker & Barton,

2021, S. 86). Beispiele sind Restaurantempfehlungen von Bekannten oder Buchempfehlungen durch die Freunde oder die Presse. Empfehlungen machen sich für Unternehmen auch deshalb bezahlt, da es einfacher ist, zusätzliche Gewinne mit einem bestehenden Kunden (z. B. durch Upselling und Crossselling) als mit einem neu zu gewinnenden Kunden zu machen (vgl. Stolzenberger, 2009, S. 11).

Diesen Umstand machen sich Unternehmen in zunehmendem Umfang zunutze, indem sie Empfehlungssysteme auf ihren Webseiten einsetzen, die entweder einzelne Artikel oder ganze Warenkörbe vorschlagen. In der Praxis wird zwischen zwei Arten von Empfehlungssystem differenziert (vgl. Peuker & Barton, 2021, S. 88–94):

- **Inhaltsbasierte Empfehlungssysteme:** Bei inhaltsbasierten Empfehlungssystemen basiert die Empfehlung auf der Ähnlichkeit von Eigenschaften derjenigen Objekte, die empfohlen werden sollen. Bei diesem Vorgehen werden den Objekten (z. B. Bücher in einem Onlineshop) Eigenschaften zugeordnet (z. B. Stichworte zum Inhalt). Interessiert sich ein Kunde nun für ein Objekt und legt es in den Warenkorb, dann werden vor Kaufabschluss weitere Objekte vorgeschlagen, die eine möglichst hohe Übereinstimmung hinsichtlich der zugeordneten Eigenschaften aufweisen. Auf diese Art und Weise würde z. B. der Kauf eines Buches zum Thema KI im Marketing zur Empfehlung weiterer Bücher dieses Genres führen.
- **Kollaborativ filternde Empfehlungssysteme:** Diese Empfehlungssysteme nutzen nicht die Ähnlichkeit zwischen den zu empfehlenden Objekten, sondern die Ähnlichkeit zwischen den Nutzern. Streamt ein Nutzer beispielsweise Action- und Science-Fiction-Filme auf einer Videoplattform, so werden ihm Filme vorgeschlagen, die von anderen Nutzern, die ebenfalls Action- und Science-Fiction-Filme konsumieren, bereits angesehen worden sind.

Der Nachteil der inhaltsbasierten Empfehlungssysteme liegt in dem Umstand begründet, dass keine „neuen" Objekte vorgeschlagen werden. Die Empfehlungen basieren letztendlich immer auf dem, was ein Nutzer bereits kennt und in der Vergangenheit konsumiert hat. Diesen Nachteil besitzen kollaborativ filternde Empfehlungssysteme nicht: Hier kann Bezug nehmend auf das Beispiel etwa der Fall eintreten, dass viele Personen mit einer Präferenz für Action- und Science-Fiction-Filme gleichzeitig eine bestimmte Art von Zeichentrickfilmen gut finden. In der Folge werden diese Zeichentrickfilme auch unserem Kunden vorgeschlagen, auch wenn er diese in der Vergangenheit noch nie angesehen hat. ◄

Das zum Zeitpunkt der Veröffentlichung des Buches wohl bekannteste neuronale Netz ist GPT-4. GPT bedeutet Generative Pretrained Transformer und bezeichnet ein neuronales Netz, das durch ein Training mit umfangreichen Datenmengen in der Lage ist, natürliche Sprache zu verstehen und Texte zu verfassen, die den von einem Menschen erstellten Texten sehr ähnlich sind. Die Texterstellung erfolgt durch die Identifizierung von Beziehungen zwischen einzelnen Wörtern. GPT-4 ist in der Lage, Antworten auf einen schriftlichen oder bildlichen Input zu geben. Aktuell werden für generative KI sehr viele Anwendungsmöglichkeiten in unterschiedlichen Bereichen und auch im Marketing gesehen (vgl. OpenAI, 2023, S. 1; Barbey, 2023, S. 5). Meiner persönlichen Meinung nach können generative KI in Zusammenhang mit der Gewinnung von Customer Insights dabei unterstützen, unstrukturierte große Datenmengen, beispielsweise aus den Social Media oder auch aus internen Quellen, zu analysieren, um beispielsweise Probleme von Kunden zu verstehen oder Trends zu identifizieren. Allerdings handelt es sich hierbei nicht um eine triviale Aufgabe. Sprachmodelle bieten zwar umfangreiche Möglichkeiten zur Analyse (z. B. Sentimentanalyse oder Common Topics Identification, allerdings müssen dafür noch eigene Softwarelösungen gebaut werden, die im Hintergrund mit API-Anfragen an OpenAI arbeiten. Dies kann insbesondere für KMU eine Herausforderung darstellen, da diese nicht zwangsläufig über das notwendige Know-how zur Umsetzung verfügen.

Ein Vorteil von Verfahren des maschinellen Lernens ist in dem Umstand zu sehen, dass über die Algorithmen nicht nur Prognosen über künftige Werte abgegeben werden können, sondern auch eine Aussage dazu gemacht werden kann, wie gut die gemachten Vorhersagen beispielsweise im Hinblick auf die Präzision, die Trefferrate oder die Genauigkeit sind.

5.3   Arten der Customer Analytics

Im Folgenden werden unterschiedliche Reifegrade von Customer Analytics vorgestellt. Die Einteilung in vier Analytikebenen wird Gartner zugeschrieben (vgl. Gartner, o. J.; Amann et al., 2020, S. 252). Die Ebenen sind (vgl. Amann et al., 2020, S. 252):

1. **Descriptive Analytics:** Was ist in der Vergangenheit passiert bzw. was passiert jetzt gerade?
2. **Diagnostic Analytics:** Warum ist etwas passiert?

3. **Predictive Analytics:** Was wird passieren bzw. mit welcher Wahrscheinlichkeit wird etwas passieren?
4. **Prescriptive Analytics:** Was können wir tun, damit das Eintreten eines bestimmten Ereignisses wahrscheinlicher oder unwahrscheinlich wird?

Punkt 4 ist die Analyseebene mit dem höchsten Reifegrad.

5.3.1   Descriptive Analytics

Descriptive Analytics (= deskriptive Analysen) weisen den geringsten Reifegrad auf. Wie der Name bereits erkennen lässt, handelt es sich um rein beschreibende Analysen: Bei deskriptiven Analysen werden Daten aus unterschiedlichen Quellen zusammengeführt, um die Frage zu beantworten, was in der Vergangenheit passiert ist. Werden die Vergangenheitsdaten sehr schnell ausgewertet oder stehen Echtzeitdaten zur Verfügung, dann kann über deskriptive Analysen auch der aktuelle Zustand beschrieben werden. Weiterhin können deskriptive Analysen dazu genutzt werden, sich einen Überblick über die vorhandenen Daten zu verschaffen und diese zu verstehen. Auch für deskriptive Analysen müssen die Daten in der Regel aufbereitet werden, sodass diese ggf. in weiteren, fortgeschritteneren Analyseverfahren genutzt werden können. Mathematische bzw. statistische Verfahren, die in Zusammenhang mit der deskriptiven Datenanalyse verwendet werden, sind Mittelwerte, Standardabweichungen, minimale und maximale Werte, Korrelationen sowie Kreuztabellen. Im Gegensatz zu anderen Analysemethoden werden keine Modelle genutzt. Zur Vermittlung der Ergebnisse und zur Visualisierung können Kennzahlen, Tabellen sowie Grafiken genutzt werden, aber auch Scorecards oder Dashboards (vgl. Amann et al., 2020, S. 252; Cote, 2021). Deskriptive Analysen sind Bestandteil der Business Intelligence, typische Programme hierfür sind Pentaho, PowerBI oder Talend (Open Source) sowie Cognos BI (IBM) oder Tableau (vgl. Amann et al., 2020, S. 252).

Beispiel: deskriptive Analyse

Am Anfang einer jeden Analyse steht die Aufbereitung der Daten. Wir müssen also zunächst einen Blick auf die Daten werfen (z. B. uns die Daten in der Excel-Tabelle ansehen) oder wir lassen uns Informationen über die Daten ausgeben. Im Folgenden schauen wir uns die Kundentabelle (customers.csv) für unseren Onlineshop an. Zur Bereinigung und zur Analyse nutze ich die Programmiersprache Python. Die durchgeführten Analysen können aber auch mit Excel umgesetzt werden. Ich nutze Python, da wir dieses Programm in der

Folge auch für die anderen Analysearten nutzen wollen. Als Interpreter wähle
ich Jupyter Notebook, da man darüber Ergebnisse sehr gut teilen und visualisieren kann.

Nach dem Öffnen von Jupyter Notebook und dem Anlegen einer neuen Datei
importieren wir zunächst einige Bibliotheken, die wir für die Arbeit benötigen.
Auf deren Nutzen gehe ich ein, wenn wir die entsprechenden Befehle nutzen.

```
In [1]:  import pandas as pd
         import matplotlib.pyplot as plt
         import seaborn as sns
         import numpy as np
         import seaborn as sns
```

Danach lesen wir die Kundendatei ein. Dazu nutzen wir die Bibliothek Pandas, über die wir die CSV-Datei gleich in einem sogenannten DataFrame darstellen können. Ein DataFrame weist eine tabellenähnliche Struktur auf und eig-
net sich sehr gut zum Analysieren von Daten. Unseren DataFrame wollen wir
„df_Kunden" nennen.

```
In [3]:  df_Kunden = pd.read_csv 'C:          /Daten/customers.csv', sep = ";")
```

Für das Einlesen ergänzen wir noch, dass die Werte der einzelnen Spalten in
der CSV-Datei durch Semikolons getrennt sind. Und schon können wir uns den
Dataframe df_Kunden anzeigen lassen. Die Ergänzung head(5) bedeutet, dass
wir uns lediglich die ersten fünf Zeilen ansehen wollen.

Out[4]:

	id	name	lastname	city	country	gender	age	email	state	tags	street	zip	dateOfBirth	status
0	1	Christian	Scholz	Buchico	DE	female	50	ChristianScholz@leworm.us	BY	0	Paderborner Strasse 10	86803	1972-04-06	existing de hsl
1	2	Kathrin	Konig	Aachen	DE	male	19	KathrinKong@feckenshu	NW	0	Straße der Pariser Kommune 75	52080	2003-12-28	existing de hsl
2	3	Anna	Holtmann	München	DE	female	73	AnnaHoltzmann@superrito.com	BY	0	Rosenstrasse 21	81607	1949-02-09	existing de hsl
3	4	Leonie	Schuster	Bremen Fesenfeld	DE	female	49	Leonie Schuster@einrot.com	HB	0	Grolmanstrate 20	28203	1973-06-13	existing de hsl
4	5	Jennifer	Weissmuller	Schwarzenfeld	DE	male	53	JenniferWeissmuller@fleckens.hu	BY	0	Schaarsteinweg 85	92516	1969-02-25	existing de hsl

Aufgrund der Breite des DataFrames ist in der Abbildung oben nur ein Teilbereich dargestellt, wir können mit dem Balken aber nach rechts scrollen. Über den Befehl „df_Kunden.shape" erfahren wir, dass unser Datensatz über 10.004 Zeilen sowie 50 Spalten verfügt. Konkret bedeutet das: 10.004 Datensätze, die über jeweils 50 Merkmale beschrieben sind.

Der Befehl „df_Kunden.isnull().sum()" zeigt uns, dass der Datensatz vollständig ist und keine fehlenden Werte aufweist. Ein Blick über die Daten zeigt zudem, dass diese plausibel zu sein scheinen, also dass z. B. keine achtstelligen Postleitzahlen oder Geburtstage aus dem 16. Jahrhundert in unserem Datensatz enthalten sind. Allerdings erkennen wir, dass bei vier Datensätzen offensichtlich falsche Werte angegeben sind (z. B. Geschlecht = 0,0). Diese löschen wir aus dem Datensatz.

Nun können wir mit der deskriptiven Analyse des Datensatzes beginnen. Python bietet hierzu z. B. die Möglichkeit, sich automatisch statistische Standardgrößen des Datensatzes berechnen zu lassen. Dies ist natürlich nicht bei jeder numerischen Größe sinnvoll. So ist es sinnlos, sich die Standardabweichung über die ID berechnen zu lassen. Allerdings kann man auch hilfreiche Erkenntnisse gewinnen, etwa dass das Durchschnittsalter bei etwas über 40 Jahren liegt und die Kunden zwischen 18 und 79 Jahre alt sind. Außerdem werden unterschiedliche Perzentile ausgegeben.

In [11]: df_Kunden.describe()
Out[11]:

	id	age	zip	centimeters	latitude	aov	interest-fancy	interestsport	search:eau-de-toilette	search:_NONE_
count	10000.00000	10000.000000	10000.000000	10000.00000	10000.000000	10000.000000	10000.000000	10000.000000	10000000000	10000.000000
mean	5000 50000	40.145000	55952092500	166.45250	50.517718	59.004011	0.293194	0.136706	0.075310	0.212620
std	283689560	13.670536	29686.126222	8.94405	1.865813	34.622346	0.058593	0.059166	0.092056	0.150361
min	100000	18.000000	1002 000000	150.00000	47.330044	10.000000	0.110000	0.010000	0.000000	0.000000
25%	2500 75000	29.000000	27385 250000	189.00000	49.059158	32.310000	0.250000	0.090000	0.000000	0.100000
50%	5000 50000	39.000000	56588.500000	166.00000	50.221750	51.815000	0.290000	0.130000	0.100000	0.200000
75%	7500 25000	50.000000	84008 250000	172.00000	51.778514	78.395000	0.330000	0.180000	0.100000	0.300000
max	10000.00000	79.000000	99993.000000	190.00000	55.111064	201.060000	0.470000	0.340000	1.000000	1.000000

Die obige Ausgabe gilt für den gesamten Datensatz über 10.000 Personen. Der Befehl „describe" Befehl erlaubt aber auch eine Gruppierung des Datensatzes nach einem einzelnen Merkmal und eine Ausgabe der statistischen Größen für die nach dem Merkmal differenzierten Teilgruppen des Datensatzes. Ein Beispiel hierfür zeigt die folgende Abbildung: Bei dieser wurde der gesamte Datensatz nach Frauen und Männern differenziert. Die statistischen Standardgrößen werden nun getrennt nach Teilmenge (hier: Männer und Frauen) ausgegeben. Auch bei dieser Ausgabe ist zu erkennen, dass die Berechnung des

Mittelwertes über alle Postleitzahlen nicht sinnvoll ist. Beim Alter kann man allerdings erkennen, dass kein nennenswerter Unterschied zwischen Frauen und Männern besteht. So unterscheiden sich das Mindest- und das Maximalalter von Frauen und Männern nicht, leichte Unterschiede gibt es beim Durchschnittsalter, das bei Männern um rund ein halbes Jahr höher liegt.

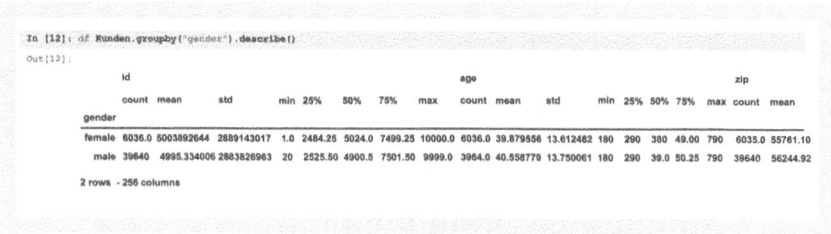

Neben den numerischen Ausgaben lassen sich über Python mittels entsprechender Bibliotheken (hier: matplotlib) auch grafische Ausgaben erzeugen. Bleiben wir beim Merkmal Alter, so zeigt nachfolgende Abbildung die Altersverteilung grafisch. Der helle Punkt in der Mitte der Darstellung zeigt den Mittelwert.

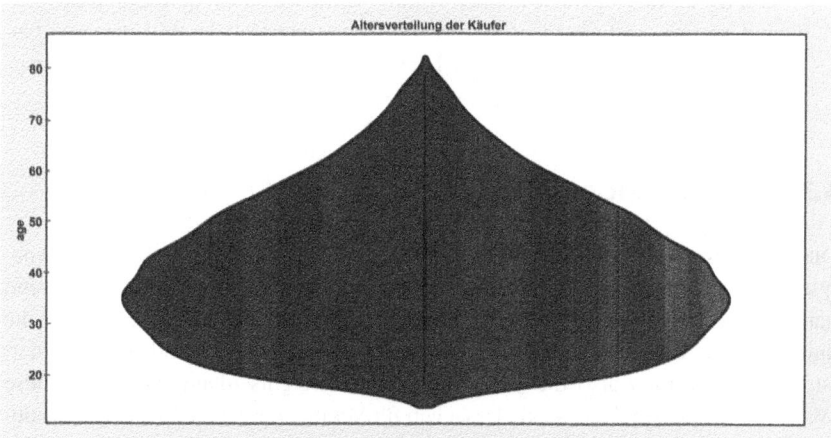

Die deskriptive Analyse beinhaltet auch Auswertungen entlang mehrerer Merkmale. Die folgende Abbildung zeigt beispielsweise eine Analyse entlang der Merkmale Alter und Geschlecht. Zu erkennen ist, dass der Datensatz deutlich mehr Frauen als Männer umfasst, wobei der zahlenmäßige Unterschied zwischen den Geschlechtern mit steigendem Alter tendenziell abnimmt.

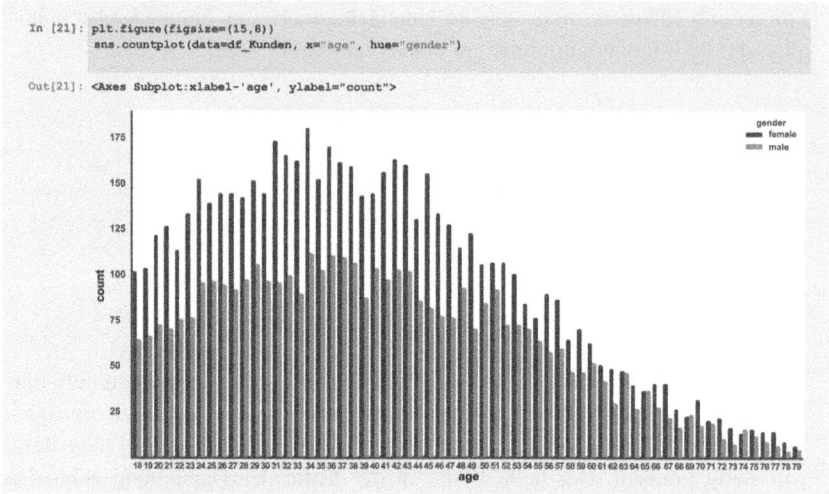

Auf diese Art und Weise können wir uns schrittweise mit dem Datensatz auseinandersetzen und ein „Gefühl" für die Daten entwickeln. Mit diesem „Gefühl" können wir in den zweiten Teil der Analyse gehen, nämlich die diagnostische Analyse. ◄

5.3.2 Diagnostic Analytics

Diagnostic Analytics (diagnostische Analyse) stellt ein auf der deskriptiven Analyse aufbauendes und die reine Deskription ergänzendes Vorgehen dar. Während bei der deskriptiven Analyse lediglich festgestellt wird, was passiert, verfolgt die diagnostische Analyse das Ziel herauszufinden, aus welchem Grund etwas passiert ist. Konkret werden also die Ursachen für ein Ereignis identifiziert. Auf diese Weise können beispielsweise die Ursachen für Veränderungen bei wichtigen Kennzahlen ermittelt werden. Im Rahmen der diagnostischen Analyse werden statistische Modelle verwendet, um Beziehungen zwischen einzelnen Variablen zu identifizieren. Typische Verfahren, die im Rahmen der diagnostischen Analyse eingesetzt werden, sind Hypothesentests, Korrelationsanalysen und Regressionsanalysen (vgl. Amann et al., 2020, S. 254).

Hypothesentest

Eine Hypothese stellt eine Annahme dar, die durch eine Analyse von Daten falsifiziert werden kann. Typischerweise entwickelt der Analyst im Rahmen der deskriptiven Datenanalyse erste Vermutungen über Zusammenhänge zwischen zwei oder mehr Variablen des zu analysierenden Datensatzes. Beim Hypothesentest wird eine Hypothese formuliert, die üblicherweise die Formulierungen „Wenn Ereignis A eintritt, dann tritt auch (oder tritt nicht) Ereignis B ein" bzw. „Je mehr A, desto mehr (oder weniger B)" enthalten. Durch die Auswertung von Daten kann dann die Hypothese ggf. falsifiziert, also verworfen werden. Welche Art von Hypothesentest zum Einsatz gelangt, hängt einerseits von der Stichprobe (Anzahl der Stichproben, Abhängigkeit oder Unabhängigkeit der Stichproben) und andererseits von dem gewählten Skalenniveau ab. Statistikprogramme wie beispielsweise SPSS erlauben umfangreiche Hypothesentests wie beispielsweise den t-Test, den Chi-Quadrat-Test oder den Mann-Whitney U-Test (vgl. Sibbertsen & Lehne, 2021, S. 339–374; Wilker, 2018, S. 61–316).

Korrelationsanalyse

Bei der Korrelationsanalyse wird der Zusammenhang zwischen Variablen untersucht. Ein Beispiel für eine Korrelationsanalyse ist die Berechnung des Korrelationskoeffizienten nach Bravais und Pearson. Über diese Analyse kann eine Aussage sowohl bzgl. der Richtung als auch der Stärke des Zusammenhangs zwischen zwei Variablen getroffen werden. Bei der Richtung kann zwischen einer positiven Korrelation (höhere Werte der Variable A gehen mit höheren Werten der Variable B einher) sowie einer negativen Korrelation (höhere Werte der Variable A gehen mit niedrigeren Werten der Variable B einher) differenziert werden. Die Stärke des Zusammenhangs drückt der Bravais-Pearson-Korrelationskoeffizient durch Werte zwischen -1 (stark negativer Zusammenhang), 0 (kein Zusammenhang) und $+1$ (starker Zusammenhang) aus. Die Korrelation nach Bravais und Pearson setzt kardinal skalierte Merkmale voraus. Dies ist auf den Umstand zurückzuführen, dass Unterschiede im Sinne von Differenzen zwischen den Variablen berechnet werden. Die Berechnung solcher Differenzen ist nur bei kardinal skalierten Merkmalen sinnvoll. Ein Beobachter kann zwar bei zwei Objekten eine Unterscheidung im Sinne von Objekt A ist schöner als Objekt B vornehmen, allerdings kann keine Differenz zwischen den Schönheiten der beiden Objekte gebildet werden. Allerdings kann eine Differenz bestimmt werden, wenn von einem Preis in Euro für die beiden Objekte ausgegangen wird (vgl. Hellbrück, 2016, S. 149–155; Siebertz et al., 2017, S. 381–384).[1]

---

[1] Anzumerken ist an dieser Stelle, dass der Bravais-Pearson-Korrelationskoeffizient nur für lineare Zusammenhänge Verwendung finden darf. Bei nicht linearen Zusammenhängen können die Ergebnisse irreführend sein. In diesem Fall sind andere Korrelationskoeffizienten wie beispielsweise der Spearman-Korrelationskoeffizient zu verwenden.

Eine mögliche Formel zur Berechnung der Bravais-Pearson-Korrelations-koeffizienten ist (vgl. Kronthaler, 2021, S. 78):

$$r = \frac{\sum \left(x_i - \overline{x} \right)\left(y_i - \overline{y} \right)}{\sqrt{\sum \left(x_i - \overline{x} \right)^2 \sum \left(y_i - \overline{y} \right)^2}}$$

wobei:

x_i und y_i =   die einzelnen Werte der Beobachtungen
$\underline{x}$ und $\underline{y}$ =   die Mittelwerte der Beobachtungen
darstellen.

Beispiel: Korrelationsanalyse

Die folgende Tabelle zeigt einen Ausschnitt einer Korrelationsanalyse mit Hilfe des Bravais-Pearson-Koeffizienten. Auch für diese Auswertung wurde die Programmiersprache Python in Verbindung mit Jupyter Notebook genutzt und auf den bereits verwendeten Datensatz aus dem Fakeshop angewandt. Der Korrelationsmatrix ist zu entnehmen, dass beispielsweise eine starker negativer Zusammenhang zwischen der gesamten Verkaufssumme eines Kunden (total_sales) und dem Interesse für Sport (interest:sport) besteht.

```
In [23]: df_Kunden.corr()

<ipython-input-23-3a6fe7e46819>:1: FutureWarning: The default value of numeric_only in DataFrame.corr is c
e version, it will default to False. Select only valid columns or specify the value of numeric_only to sil
  df Kunden.corr()

Out[23]:
```

	id	age	zip	centimeters	latitude	aov	interest-fancy	interest-sport	search:eau-de-toilette
id	1.000000	-0.009132	-0.006882	0.000772	-0.001339	-0.012437	0.021704	-0.010900	-0.001514
age	-0.009132	1.000000	0.009524	0.006685	-0.007304	0.003041	0.001047	-0.006036	0.000679
zip	-0.006882	0.009524	1.000000	0.006635	-0.766371	0.015076	-0.005777	-0.002257	-0.002533
centimeters	0.000772	0.006685	0.006635	1.000000	-0.003151	-0.015026	-0.023428	0.010506	-0.003872
latitude	-0.001339	-0.007304	-0.766371	-0.003151	1.000000	-0.015899	-0.004726	0.013767	-0.008911
aov	-0.012437	0.003041	0.015076	-0.015026	-0.015899	1.000000	0.318840	-0.551164	-0.015778
interest-fancy	0.021704	0.001047	-0.005777	-0.023428	-0.004726	0.318840	1.000000	-0.592830	0.043491
interest-sport	-0.010900	-0.006036	-0.002257	0.010506	0.013767	-0.551164	-0.592830	1.000000	-0.005869
search:eau-de-toilette	-0.001514	0.000679	-0.002533	-0.003872	-0.008911	-0.015778	0.043491	-0.005869	1.000000
search:_NONE_	-0.009239	0.002460	-0.008741	-0.008960	0.019410	-0.061371	-0.062147	0.062289	-0.116289
payment:google-pay	-0.020583	-0.004860	0.022359	-0.007359	-0.021268	0.620779	0.094032	-0.449425	-0.087088
search:faks-shop24	0.003588	0.005472	0.007545	-0.005792	-0.008471	-0.019260	-0.038064	0.029878	-0.015171
discount:with	0.000058	0.001049	-0.011695	0.010859	0.018576	-0.720498	-0.549436	0.802733	0.032324
kilograms	-0.014282	0.000481	0.018011	0.187724	-0.007523	0.000194	0.004781	-0.003733	0.018529
search:flavair	-0.005590	0.000108	0.017008	-0.000857	-0.021426	-0.062252	0.045767	-0.009219	-0.008664
discount-affinity	-0.025544	0.014096	-0.000961	0.003620	0.002524	-0.038314	-0.010236	0.013584	-0.002475
search:parfum	0.007416	-0.010253	0.004890	0.006678	0.001741	0.144674	0.008012	-0.072661	-0.128144
total_sales	-0.012198	0.009538	0.016733	-0.007968	-0.019935	0.704640	0.478960	-0.728105	-0.013421
longitude	0.006830	0.010215	-0.089862	0.000540	-0.003181	-0.003471	0.007184	-0.008981	0.000657
payment:paypal	0.012768	0.004533	-0.021109	0.006886	0.014392	-0.540699	-0.115571	0.341025	0.102874

Letztendlich bedeutet dies, dass Kunden mit Interesse für Sport tendenziell weniger Gesamtausgaben tätigen, da der Wert von −0,72 auf einen negativen Zusammenhang hindeutet: Je mehr Interesse für Sport besteht, desto geringer sind die getätigten Gesamtausgaben. ◄

Hingewiesen sei auf den Umstand, dass der bei einer Korrelationsanalyse ggf. festgestellte Zusammenhang zwischen zwei Variablen ausschließlich mathematischer Natur ist, nicht aber zwangsläufig auch kausaler Natur sein muss. Das heißt, selbst wenn zwei Variablen aus einem Datensatz gleichzeitig ansteigen, ist noch nicht gesagt, dass ein Ansteigen der Variable A ursächlich für den Anstieg der Variable B ist (oder umgekehrt) (vgl. Siebertz et al., 2017, S. 381).

So weisen beispielsweise die Anzahl der Filme, in denen der Schauspieler Nicolas Cage auftritt, und die Anzahl der Menschen, die in den USA in einen Pool gestürzt sind, einen gewissen Gleichlauf auf (siehe vgl. Chang, 2019). Natürlich ist dies aber nur eine rein mathematische Beziehung, da ein ursächlicher Zusammenhang zwischen diesen beiden Sachverhalten ausgeschlossen ist. Allerdings ist der ausschließlich mathematische Zusammenhang nicht immer so leicht zu erkennen wie in diesem Beispiel!

Regressionsanalyse
Bei der zuvor betrachteten Korrelationsanalyse kann grundsätzlich festgestellt werden, ob ein Zusammenhang zwischen zwei Variablen besteht und in welche Richtung der Zusammenhang wirkt. Eine Regressionsanalyse ermöglicht Aussagen über den Zusammenhang zwischen einer oder mehreren abhängigen Variablen (= Prognosevariablen) und einer oder mehreren unabhängigen Variablen, indem ein Modell in Form einer mathematischen Funktion aufgebaut wird. Durch diesen Zusammenhang ist es möglich, die Entwicklung der abhängigen Variable bei einer Veränderung von einer oder mehreren unabhängigen Variablen zu bestimmen. Damit kann über eine reine Diagnose hinausgehend bereits eine Prognose erstellt werden (s. hierzu auch Abschn. 5.3.3). Dabei wird davon ausgegangen, dass ein kausaler Zusammenhang zwischen den unabhängigen Variablen und der abhängigen Variable besteht. In Abhängigkeit von der Anzahl der betrachteten Variablen und deren Skalentyp können unterschiedliche Arten der Regressionsanalyse unterschieden werden. Im einfachsten Fall, bei einer abhängigen und einer unabhängigen Variable, die zudem beide metrisch skaliert sind, spricht man von einer einfachen linearen Regression (vgl. Backhaus et al., 2023, S. 62–135; Kronthaler, 2021, S. 261–265).

Im Marketing kann die Regressionsanalyse beispielsweise eingesetzt werden, um die Wirksamkeit von werblichen Maßnahmen auf unterschiedlichen Kanälen zu identifizieren, indem der Absatz bzw. der Umsatz als abhängige Variable und Werbeausgaben in unterschiedlichen Kanälen als unabhängige Variablen betrachtet werden. Dadurch können Entscheidungen zur Verteilung des Budgets auf die Kommunikationskanäle des Unternehmens fundiert werden.

Beispiel: Regressionsanalyse (Gastbeitrag von Maximilian Busch)

Uns steht ein Datensatz unseres Webshops zur Verfügung.[2] Zu jeder Kunden-E-Mail-Adresse und Wohnadresse sehen wir die Aufenthaltsdaten auf verschiedenen Plattformen für unseren Shop.

Im Folgenden importieren wir einige Bibliotheken in unser Jupyter-Notebook, die wir für eine Regression brauchen, und lesen unseren Datensatz in ein DataFrame ein.

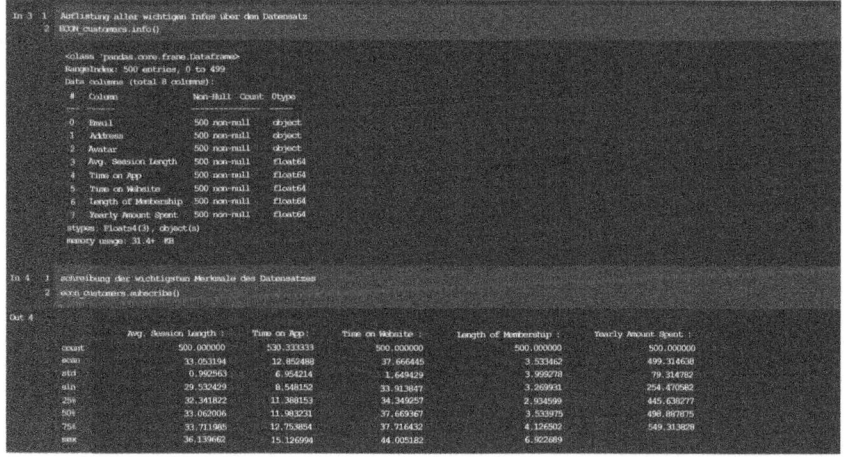

Nachdem wir uns die ersten Zeilen unseres Data-Frames haben anzeigen lassen, um ein erstes Verständnis von unserem Datensatz zu bekommen, lassen wir uns alle verfügbaren Infos wie die verschiedenen Spalten, Datentypen und Datenmenge geben.

---

[2] Der Datensatz und erste Hinweise zur Umsetzung stammen von Kaggle (https://www.kaggle.com/code/ksarafrazi/linear-regression-e-commerce-customers?utm_source=pocket_saves).

Außerdem lassen wir uns erste Aggregationen unserer Daten ausgeben.

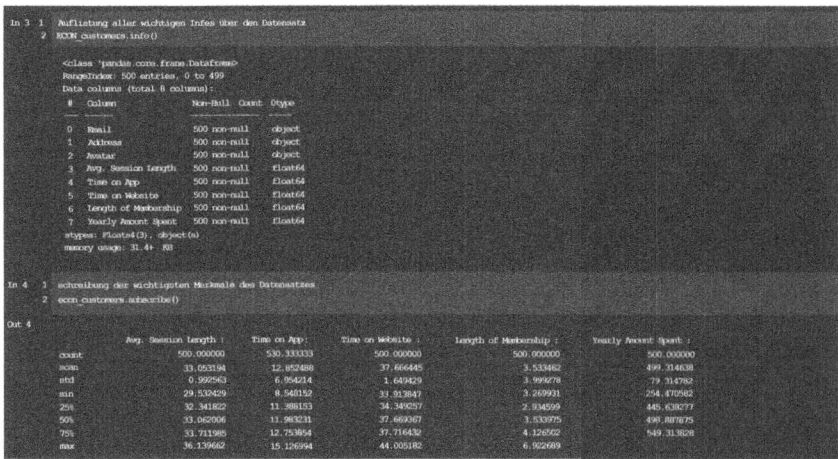

Im nächsten Schritt erstellen wir ein erstes Streudiagramm auf zwei zufälligen Dimensionen, um uns die Verteilung der Datenpunkte anzusehen.

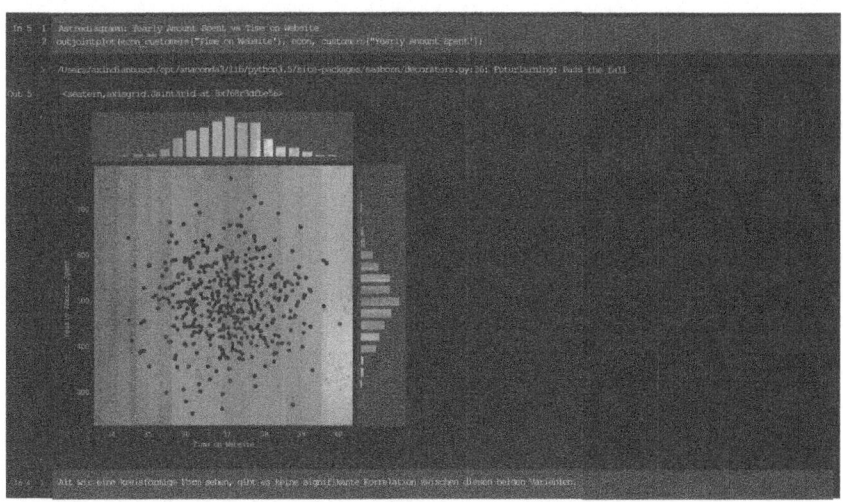

Hier lässt sich allerdings erkennen, dass die Datensätze in dieser Kombination keinem Trend folgen.

Daher lassen wir uns alle möglichen Kombinationen der verschiedenen Dimensionen als Streudiagramme visualisieren.

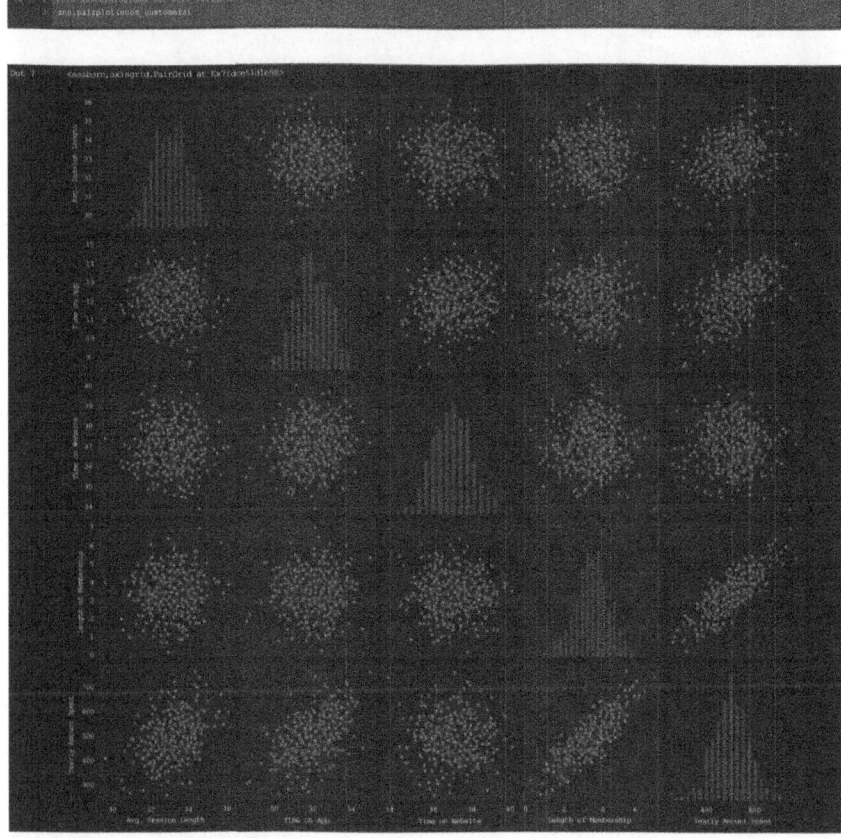

Hier ist klar zu erkennen, dass nur eine Kombination von Dimensionen einen Zusammenhang der Datenpunkte erkennen lässt. Nämlich die Kombination aus „Length of Membership" und „Yearly Amount Spent". Alle anderen Möglichkeiten zeigen eine zufällige Verteilung der Punkte an.

Da wir nun den Zusammenhang zweier Dimensionen identifiziert haben, berechnen wir eine Regressionsfunktion für diese Kombination:

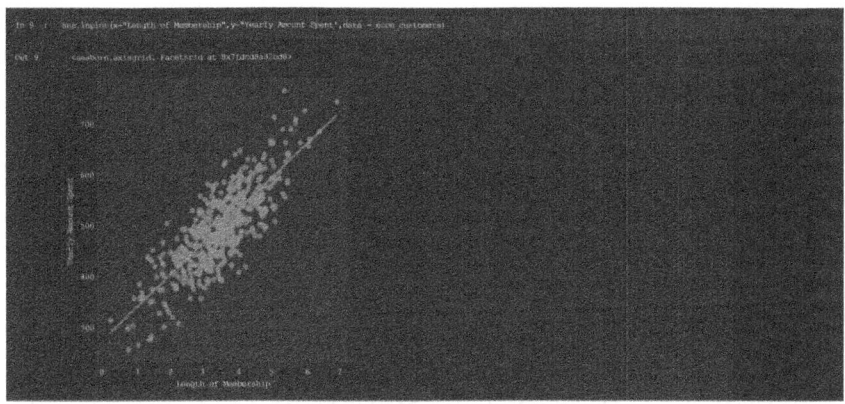

◀

5.3.3   Predictive Analytics

Predictive Analytics stellt die Analysevariante mit dem nächsthöheren Reife- und Komplexitätsgrad dar. Predictive Analytics, zu Deutsch prädiktive Analyse, nutzt ebenfalls vergangenheitsbezogene Daten, ist aber im Gegensatz zu den beiden zuvor beschriebenen Analysevarianten darauf ausgerichtet, die Wahrscheinlichkeit zukünftiger Ereignisse vorherzusagen. Hierzu werden einerseits vergangenheitsbezogene, strukturierte und unstrukturierte Daten aus unterschiedlichen Quellen und andererseits mathematische und statistische Verfahren sowie Verfahren aus dem Bereich des maschinellen Lernens eingesetzt, um Zusammenhänge in den Daten zu identifizieren und ein Modell erstellen zu können. Das erstellte Modell wird in einem weiteren Schritt auf aktuelle Daten angewendet, um Vorhersagen für Wahrscheinlichkeiten treffen zu können. Bei Predictive Analytics fließen weiterhin nicht nur unternehmensinterne Daten ein, vielmehr werden auch externe Einflussgrößen, wie beispielsweise die Konjunktur, das Wetter oder Feiertage einbezogen (vgl. Amann et al., 2020, S. 254; Wuttke, o. J.; Cote, 2021).

Beispiel: Predictive Analytics bei OTTO

Das Unternehmen OTTO verfolgt in Zusammenhang mit Big Data Analytics einen sogenannten Closed-Loop-Ansatz, der sich auf die Phasen des Produktlebenszyklus (Trenderkennung, Absatzplanung sowie Umsatzoptimierung) bezieht. Predictive Analytics kann in der ersten Phase, der Trenderkennung, dabei unterstützen, die aus zahlreichen Quellen generierten Daten im Hinblick auf Trends und Entwicklungen zu analysieren, um diejenigen Artikel zu identifizieren, die von den Kunden in der Zukunft mit einer hohen Wahrscheinlichkeit nachgefragt werden. Bei der Absatzplanung werden Kundendaten, historische Daten sowie auch externe, unstrukturierte Daten aus unterschiedlichen Internetquellen genutzt, um die Sortimentsplanung zu unterstützen und sowohl Überbestände als auch Unterbestände so weit wie möglich zu reduzieren. Durch Predictive Analytics konnte die Qualität der Prognose auf der Ebene der Einzelartikel bis zu 40 % optimiert werden. Bei der Umsatzoptimierung, dem dritten Schritt, nutzt das Unternehmen eine dynamische Preisgestaltung, um die Produktpreise in Abhängigkeit von Marktfaktoren wie beispielsweise der Zahlungsbereitschaft der Kunden zu optimieren. Dabei werden mit der Gewinnmaximierung sowie der Wahl niedriger Preise zum Räumen der Lager am Ende der Saison (insbesondere bei Bekleidung) zwei unterschiedliche Zielsetzungen verfolgt. Insgesamt kann Otto damit datenfundierte Entscheidungen treffen, um sowohl Ausverkaufssituationen als auch Abschreibungen zu reduzieren oder gar zu vermeiden (vgl. Engelhardt & Magerhans, 2019, S. 255–256). ◄

Das Vorgehen bei Predictive Analytics lässt sich wie folgt beschreiben (vgl. Wuttke, o. J.):

- Festlegung der mit der Analyse verfolgten Ziele,
- Sammlung der Daten aus unterschiedlichen Quellen,
- Bereinigung der Daten sowie Auswahl der interessierenden Merkmale (= Feature-Selection) beim maschinellen Lernen (nicht bei neuronalen Netzen),
- Entwicklung, Trainieren, Testen und Weiterentwickeln des Modells und
- Nutzung des Modells auf aktuellen Daten, um Vorhersagen zu treffen.

Der bereits angeführte Aspekt des Trainierens bedeutet, dass ein Teil des vorhandenen Datensatzes genutzt wird, um das Modell aufzubauen. Das Testen des Modells wird mit einem anderen Teil des Datensatzes durchgeführt, um Aussagen über die Güte des Modells treffen zu können (vgl. Nguyen & Zeigermann, 2021, S. 112–114).

**Veranschaulichung: Unterschied zwischen Trainings- und Testdaten
(Gastbeitrag von Maximilian Busch)**

Der Unterschied zwischen Trainings- und Testdaten ist im ersten Moment für einige nicht sofort klar. Es ist aber wichtig, diesen zu verstehen, da ein Unverständnis dazu führen kann, dass ML-Modelle eingesetzt werden, die möglicherweise falsche oder nur sehr schlechte Vorhersagen treffen. Noch wichtiger als das allgemeine Verständnis ist aber der richtige Gebrauch der Datensätze.

- **Was sind Trainingsdaten?**
  Algorithmen benötigen Datensätze, um von ihnen zu lernen. Sie erkennen Muster, treffen Entscheidungen und evaluieren diese. Um zwischen Trainings- und Testdaten zu unterscheiden, wird ein gesamter Datensatz also in zwei geteilt.

  Dabei ist der Trainingsdatensatz meist größer, da wir so viele Daten wie möglich zum Trainieren des Algorithmus verwenden wollen. Denn je mehr Daten wir haben, desto mehr und desto genauere Muster können gefunden werden.

  Hier agieren Algorithmen genauso wie Menschen: Je mehr Daten sie zum Trainieren haben, desto besser werden sie. Ein Mensch lernt ebenfalls von vergangenen Erfahrungen und Training, sodass er aufgrund vergangener Ereignisse zu besseren Entscheidungen und Einschätzungen gelangen kann.
- **Wie viele Trainingsdaten werden benötigt?**
  Leider gibt es dazu keine einfache Antwort. Denn es kommt immer auf die Bedingungen an. Es gibt zwei Faktoren, die hier eine wichtige Rolle spielen:
  - die Komplexität des Problems
  - die Komplexität des Machine-Learning-Algorithmus
  Grundsätzlich stimmt die Aussage „je mehr Daten, desto besser" zwar, aber wenn die Datensätze sehr sauber sind, können auch kleinere Datenumfänge zu guten Modellen führen.

  Ein typisches Verhältnis, wie viele Daten der einen oder anderen Kategorie zuzuordnen sind, kann man aber durchaus vorgeben. Meist werden bei Data-Science-Projekten 80 % zum Trainieren und 20 % zum Testen des Modells verwendet.
- **Was sind Testdaten?**
  Sobald das Modell trainiert ist, muss getestet werden, wie akkurat seine Vorhersagen sind. Dafür ist ein Testdatensatz notwendig, der aus Datensätzen

besteht, die nicht Teil des Trainingsdatensatzes waren. Also Daten, die der Algorithmus noch nicht „gesehen" hat.

Man lässt den Algorithmus also Vorhersagen aufgrund der vorhandenen Daten machen und gleicht die Vorhersagen des Modells mit der Wirklichkeit der Testdaten ab.

So lässt sich evaluieren, wie hoch die Trefferquote und Genauigkeit des Modells ist und ob es somit geeignet ist, eingesetzt zu werden. Ist die Genauigkeit allerdings zu niedrig, muss entweder das Modell verändert oder die Zahl der Trainingsdatensätze erhöht werden, um die Performance des Algorithmus zu verbessern.

Testdaten sind also wichtig, um einen finalen Probelauf durchzuführen, der bestätigen soll, ob das Training erfolgreich war.

• **Wie arbeitet man mit den Datensätzen?**
Der Unterschied sollte nun klar sein. Ein Datensatz trainiert das Modell, der andere bestätigt oder widerlegt den Erfolg mit dem Algorithmus zuvor unbekannten Daten.

Der Prozess ist also:

– Aufbau des Modells
– Trainieren des Modells
– Testen (Evaluierung) des Modells
– Anwenden des Modells ◄

Für Predictive Analytics kommen im Kern zwei unterschiedliche Arten von Modellen in Betracht. Dies sind zum einen Klassifikationsmodelle, die darauf ausgerichtet sind, die Zugehörigkeit eines Elements zu einer Klasse vorherzusagen. Geschätzt wird also eine kategorische Zielgröße (z. B. ein produziertes Teil ist fehlerhaft oder fehlerfrei; der Kunde gehört einem von mehreren Kundensegmenten an; ein Kunde wird innerhalb eines bestimmten Zeitraumes seinen Vertrag kündigen oder nicht). Bei der Regressionsanalyse werden kontinuierliche Zielgrößen geschätzt (z. B. Umsatz eines Kunden entlang seines Lebenszyklus; Versicherungsprämie für einen Kunden …) (vgl. Wierse & Riedel, 2017, S. 164).

Typische Verfahren, die bei Predictive Analytics zum Einsatz gelangen können, sind unter anderem:

K-Nearest Neighbors (KNN)

Der KNN-Algorithmus erlaubt eine Zuordnung von Datenpunkten zu einer Kategorie über eine Ermittlung der Distanzen zwischen diesen Datenpunkten. Der Algorithmus benötigt klassifizierte Daten (z. B. Kunden mit unterschiedlicher Kaufkraft aus der Kundendatei) und ist dann in der Lage, über die Distanz eines neuen Datenpunktes zu den bekannten Datenpunkten eine Klassifizierung vorzunehmen. Zur Bestimmung der Distanz können unterschiedliche Abstandsmetriken genutzt werden. Prinzipiell können über diesen Algorithmus auch Regressionsprobleme gelöst werden. In der Mehrheit der Anwendungsfälle wird der KNN-Algorithmus aber für Klassifikationsfragen genutzt (vgl. IBM, o. J.-a).

Support Vector Machines (SVM)
Auch über SVM lassen sich Klassifikationsfragestellungen lösen. Im Vergleich zum KNN-Algorithmus wird jedoch nicht mit der Distanz von Datenpunkten gearbeitet, sondern der Algorithmus versucht, eine Trennlinie so zu legen, dass zwischen den unterschiedlichen Klassen ein möglichst großer Abstand besteht. Ein typischer Anwendungsfall für SVM ist die Bilderkennung (vgl. Luber & Litzel, 2019).

Lineare Regression
Bei diesem, bereits in Abschn. 5.3.2 beschriebenen Verfahren wird eine Funktionsgleichung auf Basis von Daten aus der Vergangenheit erarbeitet, die ein Modell darstellt. In der Folge kann dieses auf Vergangenheitsdaten trainierte Modell genutzt werden, um aus aktuellen Daten Prognosen aufzustellen (vgl. von der Hude, 2020, S. 107).

Logistische Regression
Auch bei der logistischen Regression wird wie bei der linearen Regression eine Funktionsgleichung aufgestellt, die eine Beziehung zwischen einer oder mehreren unabhängigen und einer abhängigen Variable herstellt. Während bei der linearen Regression die abhängige Variable kontinuierlicher Natur ist (z. B. eine Umsatzgröße, die viele unterschiedliche Ausprägungen annehmen kann), wird bei der logistischen Regression eine kategoriale Variable geschätzt (vgl. von der Hude, 2020, S. 125; IBM, o. J.-b). Ergebnis einer logistischen Regression ist demzufolge die Zugehörigkeit zu einer Klasse, also z. B. die Zugehörigkeit eines Kunden zur Klasse „kauft in Zukunft noch mal" oder „kauft in Zukunft nicht mehr".

Entscheidungsbaum
Über Entscheidungsbäume werden Daten über mehrere Ebenen hinweg in Gruppen differenziert. Dadurch entsteht die baumartige Struktur. Zielsetzung ist es, diejenigen Variablen zu identifizieren, über die sich die Daten auf jeder einzelnen Ebene des Baumes bestmöglich unterscheiden lassen (von der Hude, 2020, S. 137; Aunkofer, 2017). Gleichzeitig wird dadurch deutlich, welche Variablen den größten Einfluss auf eine spezifische Fragestellung besitzen (z. B. welche Faktoren den stärksten Einfluss auf den Kauf einer Person im Onlineshop besitzen).

Random Forest

Bei den bereits angeführten Entscheidungsbäumen besteht häufig das Problem des Overfittings (siehe folgendes Beispiel). Bei Random Forest handelt es sich um ein Modell, das auf Entscheidungsbäumen basiert und das Overfitting zu reduzieren hilft. Die Grundüberlegung bei diesem Modell ist es, mehrere Entscheidungsbäume zu nutzen, die kleine Differenzen zueinander aufweisen. Dabei wird von der Annahme ausgegangen, dass bei jedem Baum ein Teilbereich overfittet ist. Indem der Random-Forrest-Algorithmus nun die einzelnen Entscheidungsbäume kombiniert und die einzelnen Ergebnisse mittelt, kann das Overfitting reduziert werden (vgl. Müller & Guido, 2017, S. 80).

Beispiel: Overfitting und Underfitting

Unter dem Begriff Overfitting versteht man eine Situation, in der ein ML-Modell oder ein neuronales Netz sehr gute Ergebnisse bei der Vorhersage der Trainingsdaten erzielt, bei neuen Daten aber sehr schlechte Ergebnisse produziert. Im Gegensatz dazu bedeutet Underfitting eines Modells, dass es sowohl bei den Trainingsdaten als auch bei neuen Daten keine guten Ergebnisse liefert.

Wie äußern sich ein Overfitting und ein Underfitting nun in der Realität? Gehen wir von einem Chatbot aus, der Kundenanfragen beantworten soll. Ist der Chatbot overfittet, so erkennt er Anfragen, die im Hinblick auf die sprachliche Formulierung von den Trainingsbeispielen abweichen, weniger gut. Letztendlich liegt dann eine paradoxe Situation vor, da der Chatbot zwar viele Beispielformulierungen zum Lernen zur Verfügung hat, aber die Fragen der Nutzer nicht zuordnen kann. Sehr ähnlich zeigt sich die Situation beim Underfitting: Hier hat der Chatbot zu wenige Beispielformulierungen zur Verfügung, was dazu führt, dass er manche Anfragen nicht zuordnen kann (vgl. assono GmbH, 2022). ◄

Bei den Tools zur prädiktiven Analyse können freie sowie kommerzielle Tools unterschieden werden. Zu den freien Tools zählen R, Scala und Python:

- R ist eine Programmiersprache, die für statistische Berechnungen und die Grafikerstellung entwickelt wurde, aber auch maschinelles Lernen unterstützt (vgl. Deobald, 2023).
- Scala ist ebenfalls eine Programmiersprache, die sich durch eine gute Skalierbarkeit auszeichnet, allerdings über eine weniger ausgereifte Machine-Learning-Unterstützung verfügt (vgl. DataScientest, 2023a).
- Python zeichnet sich durch ein hohes Maß an Vielseitigkeit und umfassende Bibliotheken für Data Science und Machine Learning aus (vgl. DataScientest, 2023b).

Kommerzielle Tools für Predictive Analytics finden sich sowohl von den großen Softwareanbietern wie Google, IBM, Microsoft oder SAP, als auch von spezialisierten Unternehmen wie Teradata oder Tableau Software (vgl. Edwards, 2021).

5.3.4 Prescriptive Analytics

Die präskriptive Analyse (= Prescriptive Analytics) stellt die Analysevariante mit dem höchsten Reifegrad dar. Die typische Zielsetzung der präskriptiven Analyse ist die Antwort auf die Frage: Welche Maßnahmen müssen wir ergreifen, damit ein gewünschtes, zukünftiges Ergebnis eintritt bzw. nicht eintritt? Damit trifft die präskriptive Analyse nicht nur Aussagen im Hinblick auf die Eintrittswahrscheinlichkeit für gewisse Zustände, sondern berücksichtigt auch die Einflüsse eigener Maßnahmen. Letztendlich kann über Prescriptive Analytics in Echtzeit ein Zusammenhang hergestellt werden zwischen äußeren Einflussfaktoren, eigenen Maßnahmen, den Wechselwirkungen zwischen den eigenen Maßnahmen und dem Resultat (vgl. Amann et al., 2020, S. 254).

Basis für Prescriptive Analytics sind anspruchsvolle Simulationen, Modelle sowie Ansätze aus den Bereichen Spieltheorie und Entscheidungstheorie. Diese werden sowohl mit bekannten als auch mit unbekannten Variablen gefüttert, woraus sich beispielsweise Wenn-dann-Szenarien ableiten lassen. Das heißt, wenn wir als Unternehmen diese und jene Maßnahmen ausführen, so wirkt sich dies positiv auf das Eintreten des Ereignisses X aus (vgl. Edwards, 2021). Damit können dem Entscheider über Prescriptive Analytics unterschiedliche Handlungsoptionen vorgeschlagen werden und zudem die Konsequenzen je Option aufgezeigt werden. Da bei Prescriptive Analytics kontinuierlich neue Daten in das Modell aufgenommen werden, kann die Genauigkeit der Prognosen kontinuierlich verbessert werden (vgl. ComputerWeekly, o. J.).

Typische Anwendungsfelder für Prescriptive Analytics sind:

- Dynamic Pricing: Eine mögliche Anwendung von Prescriptive Analytics in Zusammenhang mit dem Marketing-Mix ist die Preisgestaltung. Üblicherweise besitzt ein Unternehmen drei Ansatzpunkte für die Festlegung des Verkaufspreises für eigene Leistungen: die eigenen Herstellkosten, die Preise der Konkurrenz sowie die Zahlungsbereitschaft der Kunden. Dynamic Pricing stellt eine Kombination dieser Verfahren dar, indem der Preis in Echtzeit über Algorithmen bestimmt wird. In diese Algorithmen fließen Variablen wie die folgenden ein (vgl. Kruse Brandão & Wolfram, 2018, S. 73; Bundesministerium für Wirtschaft und Energie, 2019, S. 2[3]):

- Vergangenheitsdaten zur Nachfrage in Abhängigkeit von weiteren Parametern wie Jahreszeiten, Wochentage oder Uhrzeiten,
- Daten zu Konkurrenzpreisen,
- Daten zur Verfügbarkeit der eigenen Leistung sowie
- branchenabhängige weitere Faktoren (z. B. Außentemperatur).

Daraufhin können die Preise in Echtzeit festgelegt werden. Typische Branchen, in denen das Dynamic Pricing eingesetzt wird, sind Onlineshops, Fluggesellschaften, die Gastronomie oder auch der Einzelhandel (vgl. Simon, 2022, S. 138).

- **Planung von Mitarbeitern in Filialen:** Für Unternehmen stellen sowohl zu viele Mitarbeiter (zu hoher Kostenblock) als auch zu wenige Mitarbeiter (unzureichender Service für die Kunden, unter Umständen auch Umsatzverlust …) ein Problem dar. Prescriptive Analytics kann dabei unterstützen, die Frequentierung von Ladenlokalen auf Basis von Vergangenheitsdaten sowie aktuellen Daten (z. B. Wetter, TV-Events, Veranstaltungen in der Nähe …) zu bestimmen, sodass das Unternehmen die Anzahl der benötigten Mitarbeiter je Filiale sehr genau bestimmen kann (vgl. Bundesministerium für Wirtschaft und Energie, 2019, S. 4[4]).
- **Bestandsmanagement:** Ebenso wie der Einsatz der Mitarbeiter geplant werden kann, kann auch der künftige Bedarf an Produkten über Prescriptive Analytics prognostiziert werden. Auch hierzu werden Vergangenheitsdaten sowie äußere Einflussfaktoren genutzt, um den Absatz zu bestimmen. In Verbindung mit Sicherheitsbeständen kann damit nicht nur ermittelt werden, wann Bestellungen auszulösen und vielleicht dabei idealerweise zu kombinieren sind, vielmehr können auch in Zusammenarbeit mit dem Spediteur Prognosen für Lieferzeiten erstellt werden (vgl. Bundesministerium für Wirtschaft und Energie, 2019, S. 5 und S. 7[5]).

Wir sehen also insbesondere am letzten Beispiel, dass fortgeschrittene Analysen sich nicht nur auf das Unternehmen selbst beziehen, sondern auch vor- und nachgelagerte Teilbereiche der Wertschöpfungskette einbeziehen können.

---

[3] Anhang des Dokuments.
[4] Anhang des Dokuments.
[5] Anhang des Dokuments.

Literatur

Al-Mekhlal, M., & Ali Khwaja, A. (2019). A synthesis of big data definition and characteristics. In *2019 IEEE international conference on Computational Science and Engineering (CSE) and ieee international conference on Embedded and Ubiquitous Computing (EUC)* (S. 314–322). IEEE. https://doi.org/10.1109/CSE/EUC.2019.00067

Amann, K., Petzold, J., & Westerkamp, M. (2020). *Management und Controlling: Instrumente – Organisation – Ziele – Digitalisierung* (3. Aufl.). Springer Gabler. https://doi.org/10.1007/978-3-658-28795-5

Apt, W., & Priesack, K. (2019). KI und Arbeit – Chance und Risiko zugleich. In V. Wittpahl (Hrsg.), *Künstliche Intelligenz* (S. 221–238). Springer Vieweg. https://doi.org/10.1007/978-3-662-58042-4_14

assono GmbH. (2022). Chatbot-Training: Was ist Overfitting und wie kann es vermieden werden? – Assonos Blog. https://www.assono.de/blog/overfitting. Zugegriffen am 05.09.2023.

Aunkofer, B. (2017). Maschinelles Lernen mit Entscheidungsbaumverfahren – Artikelserie. https://data-science-blog.com/blog/2017/02/13/entscheidungsbaumverfahren-artikelserie/. Zugegriffen am 05.09.2023.

Backhaus, K., Erichson, B., Gensler, S., Weiber, R., & Weiber, T. (2023). *Multivariate Analysemethoden: Eine anwendungsorientierte Einführung* (17. Aufl.). Springer Gabler. https://doi.org/10.1007/978-3-658-40465-9

Barbey, R. (2023). ChatGTP – Die Geschichte einer Künstlichen Intelligenz. o. O.: o.V. https://books.google.de/books?id=OEOwEAAAQBAJ. Zugegriffen am 01.10.2023.

Bundesministerium für Wirtschaft und Energie. (2019). Perspektiven der künstlichen Intelligenz für den Einzelhandel in Deutschland. https://www.bmwk.de/Redaktion/DE/Publikationen/Studien/perspektiven-kuenstliche-intelligenz-fuer-einzelhandel.html. Zugegriffen am 05.09.2023.

Bünte, C. (2018). *Künstliche Intelligenz – die Zukunft des Marketing: Ein praktischer Leitfaden für Marketing-Manager.* Springer Gabler. https://doi.org/10.1007/978-3-658-23319-8

Chang, H. (2019). *Nicholas cage – Spurious pool savior?* https://towardsdatascience.com/nicholas-cage-pool-saviour-9c13feafff6f. Zugegriffen am 14.09.2023.

Cisek, G. (2021). *Machtwechsel der Intelligenzen: Wie sich unser Miteinander durch künstliche Intelligenz verändert.* Springer Vieweg. https://doi.org/10.1007/978-3-658-31863-5

Cociancig, C. (o.J.). Künstliche neuronale Netze – Aufbau & Funktionsweise. JUST ADD AI GmbH. https://www.jaai.de/post/kuenstliche-neuronale-netze-aufbau-funktion. Zugegriffen am 07.09.2023.

ComputerWeekly. (o.J.). *Prescriptive analytics.* https://www.computerweekly.com/de/definition/Prescriptive-Analytics. Zugegriffen am 05.09.2023.

Cote, C. (2021). 4 types of data analytics to improve decision-making. *Business Insights.* https://online.hbs.edu/blog/post/types-of-data-analysis. Zugegriffen am 06.09.2023.

DataScientest. (2023a). Scala: Was ist diese Programmiersprache und wieso ist Python besser? https://datascientest.com/de/scala-was-ist-diese-programmiersprache-und-wieso-ist-python-besser. Zugegriffen am 05.09.2023.

DataScientest. (2023b). Python lernen: Werfen wir einen Blick auf diese beliebte Programmiersprache. https://datascientest.com/de/python. Zugegriffen am 05.09.2023.

De Florio-Hansen, I. (2020). *Digitalisierung, Künstliche Intelligenz und Robotik: Eine Einführung für Schule und Unterricht*. Waxmann.

Deobald, S. (2023). R – Programmiersprache & Umgebung. Compamind. https://compamind.de/knowhow/r-programmiersprache-umgebung/. Zugegriffen am 05.09.2023.

Edwards, J. (2021). Was ist Predictive Analytics? *Computerwoche*. https://www.computerwoche.de/a/was-ist-predictive-analytics,3549893. Zugegriffen am 05.09.2023.

Engelhardt, J.-F., & Magerhans, A. (2019). *eCommerce klipp & klar*. Springer Gabler. https://doi.org/10.1007/978-3-658-26504-5

Ertel, W. (2021). *Grundkurs Künstliche Intelligenz: Eine praxisorientierte Einführung* (5. Aufl.). Springer Vieweg. https://doi.org/10.1007/978-3-658-32075-1

Gartner. (o.J.). *What is data and analytics: Everything you need to know*. https://www.gartner.com/en/topics/data-and-analytics. Zugegriffen am 07.09.2023.

Hellbrück, R. (2016). *Angewandte Statistik mit R* (3. Aufl.). Springer Gabler. https://doi.org/10.1007/978-3-658-12862-3

IBM. (o.J.-a). Was ist der „k-nearest neighbors algorithm"? https://www.ibm.com/de-de/topics/knn. Zugegriffen am 05.09.2023.

IBM. (o.J.-b). Was ist logistische Regression? https://www.ibm.com/de-de/topics/logistic-regression. Zugegriffen am 05.09.2023.

Kronthaler, F. (2021). *Statistik angewandt mit dem R Commander: Datenanalyse ist (k)eine Kunst* (2. Aufl.). Springer Spektrum. https://doi.org/10.1007/978-3-662-63604-6

Kruse Brandão, T., & Wolfram, G. (2018). *Digital Connection: Die bessere Customer Journey mit smarten Technologien – Strategie und Praxisbeispiele*. Springer Gabler. https://doi.org/10.1007/978-3-658-18759-0

Lämmel, U., & Cleve, J. (2020). *Künstliche Intelligenz: Wissensverarbeitung – neuronale Netze* (5. Aufl.). Hanser.

Luber, S., & Litzel, N. (2019). Was ist eine Support Vector Machine? https://www.bigdata-insider.de/was-ist-eine-support-vector-machine-a-880134/. Zugegriffen am 05.09.2023.

Müller, A. C., & Guido, S. (2017). *Einführung in Machine Learning mit Python: Praxiswissen Data Science*. O'Reilly.

Nguyen, C. N., & Zeigermann, O. (2021). *Machine Learning – Kurz & gut* (2. Aufl., 1., korrigierter Nachdruck). O'Reilly.

OpenAI. (2023). *GPT-4 technical report*. https://cdn.openai.com/papers/gpt-4.pdf. Zugegriffen am 05.09.2023.

Peuker, A., & Barton, T. (2021). Empfehlungssysteme und der Einsatz maschineller Lernverfahren. In T. Barton & C. Müller (Hrsg.), *Data Science anwenden* (S. 85–100). Springer Vieweg. https://doi.org/10.1007/978-3-658-33813-8_6

Rashedi, J. (2020). *Datengetriebenes Marketing: Wie Unternehmen Daten zur Skalierung ihres Geschäfts nutzen können*. Springer Gabler. https://doi.org/10.1007/978-3-658-30842-1

Sibbertsen, P., & Lehne, H. (2021). *Statistik: Einführung für Wirtschafts- und Sozialwissenschaftler* (3. Aufl.). Springer Gabler. https://doi.org/10.1007/978-3-662-62696-2

Siebertz, K., Van Bebber, D., & Hochkirchen, T. (2017). *Statistische Versuchsplanung* (2. Aufl.). Springer Vieweg. https://doi.org/10.1007/978-3-662-55743-3

Simon, H. (2022). *Die Inflation schlagen: Agil, konkret, effektiv*. Campus.

statista. (2023). Volumen der jährlich generierten/replizierten digitalen Datenmenge weltweit von 2010 bis 2022 und Prognose bis 2027. https://de.statista.com/statistik/daten/studie/267974/umfrage/prognose-zum-weltweit-generierten-datenvolumen/. Zugegriffen am 07.09.2023.

Steinwendner, J., & Schwaiger, R. (2023). *Neuronale Netze programmieren mit Python* (2. Aufl., 2., korrigierter Nachdruck). Rheinwerk.

Stolzenberger, M. (2009). *Empfehlungssysteme: Transparente Visualisierung im mobilen Umfeld*. Diplomica.

Strecker, S. (1997). Künstliche Neuronale Netze: Aufbau und Funktionsweise. http://geb. uni-giessen.de/geb/volltexte/2004/1697/pdf/Apap_WI_1997_10.pdf. Zugegriffen am 01.09.2023.

Von Der Hude, M. (2020). *Predictive Analytics und Data Mining: Eine Einführung mit R*. Springer Vieweg. https://doi.org/10.1007/978-3-658-30153-8

Wierse, A., & Riedel, T. (2017). *Smart Data Analytics: Mit Hilfe von Big Data Zusammenhänge erkennen und Potentiale nutzen*. De Gruyter. https://doi.org/10.1515/9783110463958

Wilker, H. (2018). *Statistische Hypothesentests in der Praxis* (Bd. 1, 2. Aufl.). BoD, Books on Demand.

Wuttke, L. (o.J.). Predictive Analytics: Definition und Anwendungsbeispiele. Datasolut GmbH. https://datasolut.com/was-ist-predictive-analytics/. Zugegriffen am 06.09.2023.

Soziale Netzwerkanalyse mit Fokus auf Konsum

6

Dieses Kapitel setzt sich mit dem Ansatz der Netzwerkanalyse auseinander. Ich stelle zunächst die Grundlagen der Netzwerkanalyse vor (Abschn. 6.1), bevor ich auf aktuelle Literatur zu dem Thema eingehe (Abschn. 6.2) sowie ausgewählte Aspekte der Netzwerkanalyse in Zusammenhang mit sozialen Medien vertiefe (Abschn. 6.3).

6.1 Grundlagen der Netzwerkanalyse

Mit dem Begriff der Netzwerkanalyse wird ein Ansatz bezeichnet, der darauf ausgerichtet ist, die Beziehungen zwischen Objekten zu untersuchen. Relevante Begrifflichkeiten in Zusammenhang mit der Netzwerkanalyse sind die zu analysierenden Objekte (Knoten, Nodes), die Beziehungen zwischen diesen Objekten (Beziehungen, Relations) sowie die Abgrenzung des Netzwerkes von der Umwelt (Festlegung der Grenzen, Boundary Specification). Die Beziehungen zwischen den Objekten können unterschiedliche Ausprägungen annehmen (z. B. Stärke der Beziehung, Richtung der Beziehung, Häufigkeit der Beziehung ...) (vgl. Serdült, 2002, S. 127 f.).

Neben der angesprochenen

1. Untersuchung der Beziehungen zwischen Objekten werden auch die
2. Gewinnung und Auswertung von empirischen Daten,
3. die visuelle Darstellung der Daten sowie die
4. Verwendung von mathematischen oder computergestützten Modellen

als konstitutive Merkmale einer modernen Netzwerkanalyse verstanden (vgl. Freeman, 2004, S. 3). Der Begriff Netzwerkanalyse bezieht sich nicht auf eine spezifische Methode, vielmehr beschreibt die Netzwerkanalyse ein eigenes Forschungs-

© Der/die Autor(en), exklusiv lizenziert an Springer Fachmedien Wiesbaden GmbH, ein Teil von Springer Nature 2024
J. Rashedi, *Customer Insights*, https://doi.org/10.1007/978-3-658-43392-5_6

paradigma mit sehr vielen unterschiedlichen Perspektiven und daraus abgeleiteten Analysemethoden (vgl. Stegbauer, 2008, S. 166–168).

In der Betriebswirtschaftslehre können Netzwerkanalysen einerseits auf unterschiedlichen Ebenen (individuelle Ebene, Gruppen- bzw. Teamebene sowie Ebene der Gesamtorganisation und die interorganisationale Ebene) und andererseits in vielen verschiedenen Disziplinen wie beispielsweise dem Wissensmanagement oder dem Marketing Anwendung finden (vgl. Buechel et al., 2004, S. 55; Ng & Soo, 2018, S. 57 f.). Die Wurzeln der Netzwerkanalyse gehen in das frühe 20. Jahrhundert zurück. Exemplarische Anwendungen zeigten sich beispielsweise im Bereich der Kommunikation. Wirkliche Relevanz erfuhr die Netzwerkforschung aber erst ab den 1960er-Jahren (vgl. Stegbauer, 2008, S. 166 f.). Im deutschsprachigen Raum wurde die Netzwerkanalyse ab den 1980er-Jahren populär und wurde beispielsweise in Zusammenhang mit der Massenkommunikation, der Diffusion von Innovationen, der Untersuchung informeller Netzwerke oder Analysen im politischen Raum angewendet (vgl. Ziegler, 2010, S. 45 f.).

6.2   Netzwerkanalyse in der Konsumforschung

In der deutschsprachigen Kaufverhaltens- und Konsumforschung ist der Begriff der Netzwerkanalyse sehr selten zu finden, da in der Mehrheit der Fälle von einer Betrachtung des Menschen als Individuum ausgegangen wird. In der nordamerikanischen Forschung wird der Begriff des Netzwerkes zwar genutzt, allerdings wird dabei nicht deutlich, was mit dem Begriff konkret gemeint ist (vgl. Hellmann & Marschall, 2010, S. 647).

Hellmann und Marschall greifen den Begriff des Netzwerkes in der Konsumentenforschung auf. Sie begründen dies mit dem Umstand, dass jedweder Marktteilnehmer in mindestens ein Netzwerk eingebunden ist. In einem Beitrag geben die Autoren zunächst einen Überblick über den Stand der Netzwerkanalyse in der Konsumforschung. Sie kommen zu dem Ergebnis, dass der Begriff des Netzwerks oder der Netzwerkanalyse zwar in unterschiedlichen Themenbereichen wie z. B. der Markenforschung oder in Zusammenhang mit Online-Communities genutzt wird, ohne dass jedoch konzeptionell auf die Begriffe in Zusammenhang mit dem jeweiligen Forschungsfeld eingegangen wird und ohne dass der Netzwerkbegriff dabei eine Funktion übernimmt. Der Begriff wird allenfalls als „terminologische Konstante" (Hellmann & Marschall, 2010, S. 649) oder als „rein assoziativ-metaphorisches Begriffsverständnis" (Hellmann & Marschall, 2010, S. 649) genutzt. Allerdings werden zum Teil grafische Darstellungen von Netzwerken genutzt, um die Gruppenzugehörigkeit bzw. -nichtzugehörigkeit anschaulich darzustellen (vgl. Hellmann & Marschall, 2010, S. 648).

Die Autoren identifizieren drei Forschungsbeiträge, in denen Netzwerkanalysen eingesetzt werden. Der erste Beitrag thematisiert die Frage nach dem Einfluss von sozialen Netzwerken auf den Kauf von bestimmten Produkten wie z. B. Autos, Häuser oder Dienstleistungen. Zur Beantwortung der Fragestellung wird eine Netzwerkanalyse durchgeführt, ohne diese jedoch für den Leser nachvollziehbar darzulegen. Der Beitrag gelangt zu dem Ergebnis, dass auf Kontakte im eigenen sozialen Netzwerk insbesondere dann zurückgegriffen wird, wenn sich der Käufer einem hohen Maß an Unsicherheit beispielsweise bezüglich der Produktqualität gegenübersieht (vgl. Hellmann & Marschall, 2010, S. 650). Ein zweiter Beitrag analysiert die Frage, in welchem Umfang der Kauf eines Produktes bei einer Tupperparty die soziale Beziehung zwischen den potenziellen Kunden und der einladenden Hausfrau beeinflusst. Auch dieser Beitrag nutzt ein der Netzwerkanalyse ähnliches Vorgehen zur Beantwortung der Fragestellung. Im Ergebnis wurde festgehalten, dass die soziale Beziehung zwar grundsätzlich Einfluss auf den Kauf besitzt, jedoch nicht auf die Menge der gekauften Waren (vgl. Hellmann & Marschall, 2010, S. 650). Der dritte von Hellmann und Marschall identifizierte Beitrag nutzt eine Netzwerkanalyse vollumfänglich, um den Einfluss von starken bzw. schwachen Bindungen sowie von Homophilie (soziale Kontakte auf Basis von Ähnlichkeiten zwischen den Personen) bzw. Heterophilie (soziale Kontakte zwischen sehr ungleichen Personen) auf die Auswahl eines Dienstleisters zu überprüfen. Die Fragestellung wurde durch eine Netzwerkgrafik beantwortet, in der die Bindungen sowie die Ähnlichkeiten abgetragen worden sind. Nachgewiesen wurde, dass zwar starke Bindungen einen Einfluss auf die Wahl des Dienstleisters haben, nicht jedoch die Homophilie (vgl. Hellmann & Marschall, 2010, S. 650).

6.3 Ausgewählte Deep Dives

Nachdem wir uns mit der zugegeben eher trockenen Theorie zur Netzwerkanalyse auseinandergesetzt haben, wollen wir uns jetzt ansehen, wie wir die Netzwerkanalyse in der Praxis nutzen können.

6.3.1 Nutzen von Netzwerkanalysen

Ihre Wirkung kann die Netzwerkanalyse vor allem in einem kommunikations- bzw. marketingbezogenen Kontext leisten. Gehen wir zunächst von einem einfachen Kommunikationsmodell aus, das die Kommunikation zwischen einem Unternehmen und seinen potenziellen sowie aktuellen Kunden beschreibt: Im Zeitalter der linearen Kommunikation nutzten Unternehmen unterschiedliche Kanäle bzw.

Medien, um ihre Botschaften an die Kunden zu bringen. Eine wichtige Rolle spielten hierbei vor allem die Massenmedien, die von Unternehmen bezahlt worden sind (z. B. für Sendezeit) (vgl. Ahlf, 2013, S. 269). Mit der zunehmenden Verbreitung des Internets sowie insbesondere der zunehmenden Nutzung von sozialen Medien war auch eine steigende Vernetzung der Menschen zu verzeichnen. Diese führte u. a. auch zu einer Kommunikation zwischen den Kunden untereinander, die mitunter auch das Unternehmen oder dessen Leistungen zum Inhalt hatte. Eine nochmalige Erweiterung des Modells ergibt eine Situation, in der einige Nutzer eine besondere Rolle einnehmen. In der Literatur werden diese auch als Meinungsführer, Influentials oder Influencer bezeichnet. Unternehmen können sich die Rolle der Meinungsführer zunutze machen, um Marketingbotschaften an potenzielle oder aktuelle Kunden zu verbreiten. Durch die Nutzung der spezifischen Eigenschaften von Meinungsführern, auf die wir weiter unten in diesem Abschnitt eingehen werden, kann eine schnellere Verbreitung von Informationen innerhalb des Netzwerkes erfolgen. Für Unternehmen resultiert hieraus die Möglichkeit, die eigenen Botschaften kosteneffizient zu verbreiten (vgl. Ahlf, 2013, S. 270–272).

Konkret lassen sich zwei grundsätzlich unterschiedliche Zielsetzungen für Unternehmen erkennen. Dies sind makroökonomische Zielsetzungen auf der einen und marktpsychologische Zielsetzungen auf der anderen Seite (vgl. Ahlf, 2013, S. 276 f.):

- **Marktökonomische Ziele:** Diese Ziele basieren auf den Beeinflussungs- und Weiterempfehlungsprozessen von Meinungsführern. Diese Prozesse können zu einer Steigerung von ökonomischen Größen wie beispielsweise dem Marktvolumen oder des Marktanteils beitragen. Ursächlich verantwortlich hierfür ist, dass Meinungsführer die Kaufentscheidungen von Nutzern beeinflussen, sodass sich positive Auswirkungen auf die genannten Zielgrößen ergeben.
- **Marktpsychologische Ziele:** Zu diesen Zielen zählen Aspekte wie beispielsweise das Image des Unternehmens, die Bekanntheit einer Marke oder eines Unternehmens oder die Unterstützung der Verbreitung von Innovationen. Die genannten Zielgrößen können durch die bereits angesprochene starke Verbreitung von Informationen über das Unternehmen sowie deren Marken und Leistungen erreicht werden.

Wie unschwer zu erkennen ist, versuchen Unternehmen heutzutage, diese Ziele durch den Einsatz von Influencern in sozialen Medien zu erreichen. Doch durch welche Eigenschaften zeichnet sich ein Meinungsführer bzw. Influencer genau aus?

Ein Meinungsführer übernimmt eine spezifische Rolle in einer Kommunikationsbeziehung, die darauf hinausläuft, Einfluss auf die Meinung von Gesprächspartnern zu nehmen, wobei die Beeinflussung aufgrund einer Zielsetzung erfolgt (vgl. Geber, 2017, S. 51). Die Zielsetzung beruht auf unterschiedlichen Motiven, beispielsweise Altruismus oder der Wunsch nach einem höheren eigenen Prestige oder Popularität. Im Konsumgüterbereich sind Meinungsführer in der Regel durch ein Interesse an einer bestimmten Produktkategorie motiviert. Der Meinungsführerprozess kann dabei sowohl durch den Meinungsführer selbst als auch durch andere Personen angestoßen werden, wobei der Meinungsführer immer die aktivere Rolle übernimmt (vgl. Dressler & Telle, 2009, S. 54–63). Neben der Beeinflussung von Personen wird in der Regel die persönliche Kommunikation über unterschiedliche Kanäle als wesentliches Element der Meinungsführerschaft betrachtet. Weiterhin wird in der Literatur davon ausgegangen, dass Meinungsführer in der Regel Personen sind, die auf eine informelle Art und Weise Einfluss ausüben, d. h., die Beeinflussung stellt nicht den originären Beruf des Meinungsführers dar. Dieser Auffassung folgend stellen beispielsweise Journalisten, die berufsmäßig andere Personen beeinflussen, keine Meinungsführer dar. Der Aspekt des Informellen führt weiterhin dazu, dass Meinungsführer eine höhere Glaubwürdigkeit für sich in Anspruch nehmen können als professionell agierende Akteure (vgl. Jungnickel, 2017, S. 31).

Diese aktuelle Sichtweise widerspricht der ursprünglichen, auf Lazarsfeld zurückgehenden Definition von Meinungsführern. Lazarsfeld und sein Team gingen in den 1940er-Jahren, basierend auf Untersuchungen im politischen Bereich, davon aus, dass Meinungsführer eine erklärende Rolle in der Kommunikation übernehmen. Konkret würden sie Botschaften der Medien aufnehmen, bewerten sowie interpretieren und in der Folge an andere Personen weitergeben. Durch die persönliche Bewertung und Interpretation erfolge eine Beeinflussung von Personen (vgl. Trommsdorff, 2009, S. 219).

Wichtig ist in diesem Kontext aber, dass in der Regel unterschiedliche Arten von Meinungsführern existieren. So wird beispielsweise in sozialen Medien anhand der Followerzahl zwischen Mega-, Makro-, Mikro-, und Nanoinfluencern unterschieden (vgl. Brandertainment, 2021; Reachbird, 2022). In sozialen Netzwerken kann weiterhin differenziert werden zwischen sogenannten lokalen Meinungsführern, die im Kern ihren eigenen, sehr eng gesteckten Freundeskreis beeinflussen, und Globals, die über weiterreichende Beeinflussungsmöglichkeiten verfügen. Eine weitere Unterscheidung differenziert beispielsweise zwischen sogenannten Narrative Experts, die über ein hohes Maß an produktbezogenem Wissen verfügen, und den sogenannten Social Leaders, die sich durch ein hohes Maß an Sozialkompetenz und Persönlichkeitsstärke auszeichnen (vgl. Duckwitz et al., 2020, S. 73).

Weiterhin existieren nicht nur unterschiedliche Arten von Meinungsführern, sondern auch unterschiedliche Rollen von Menschen in sozialen Netzwerken. So stellen beispielsweise die sogenannten Intermediaries oder Mediators die Verbindung zwischen unterschiedlichen lokalen Zellen dar (vgl. Duckwitz et al., 2020, S. 73). Für Twitter (inzwischen X) wurden in einer empirischen Untersuchung gleich fünf unterschiedliche Rollen identifiziert (vgl. Duckwitz et al., 2020, S. 73):

- **Idea Starters:** Hierbei handelt es sich um Personen, die die Quelle einer Information darstellen.
- **Amplifiers:** Sie sind die Ersten, die eine neue Information retweeten.
- **Curators:** Personen mit dieser Rolle wählen aus der Unmenge an Informationen gezielt Nachrichten aus, die sie an ihre Follower retweeten. In vielen Fällen kommentieren die Curators die weitergeleiteten Informationen.
- **Commentators:** Commentators übernehmen die gleiche Funktion wie die Curators, reagieren allerdings mit zeitlicher Verzögerung und übermitteln die Nachrichten damit später an ihr Netzwerk.
- **Viewers:** Sie sind diejenigen Twitter-Nutzer, die lediglich folgen und konsumieren.

Warum ist eine Kenntnis dieser unterschiedlichen Rollen für Unternehmen relevant? Wir haben bereits festgestellt, dass Unternehmen durch die Nutzung von Meinungsführern unterschiedliche Zielsetzungen verfolgen können. Um die Zielerreichung sicherzustellen, muss unter Umständen gezielt eine spezifische Art von Influencern angesprochen werden. Möchten Unternehmen beispielsweise Informationen über eigene Produkte in den sozialen Netzwerken möglichst effizient verbreiten, so sollten Narrative Experts angesprochen werden, da diese aufgrund ihrer Produktkompetenz eine hohe Glaubwürdigkeit in diesem Bereich besitzen. Andererseits ist es beispielsweise bei kommunikativen Krisen für ein Unternehmen zielführender, die Social Leaders mit den eigenen Botschaften zu erreichen.

Noch deutlicher wird die Notwendigkeit einer genauen Kenntnis der Meinungsführer zu einem bestimmten Themengebiet in Zusammenhang mit der Vermarktung von Innovationen. Als Ausgangspunkt dienen uns im Folgenden Erkenntnisse von Rogers (1983, S. 10–12), der sich Mitte des vergangenen Jahrhunderts bereits mit der Diffusion von Innovationen in Netzwerken auseinandersetzte. Rogers untersuchte dabei sowohl die Mikroebene, also die Ebene der einzelnen Person sowie die in dieser Person ablaufenden Prozesse bis zur Akzeptanz einer Innovation, als auch die Makroebene, die die Diffusion einer Innovation beispielsweise in einem Land oder weltweit beschreibt. Rogers geht davon aus, dass vier Faktoren den Diffussionsprozess beeinflussen:

1. die Zeit,
2. die Art der Innovation,
3. die genutzten Kommunikationskanäle sowie
4. das soziale System.

Uns interessiert insbesondere der Aspekt des sozialen Systems. Rogers geht davon aus, dass Innovationen sich anfangs sehr langsam verbreiten und erst nach Erreichen einer kritischen Masse an Geschwindigkeit gewinnen. Wenn diese kritische Masse erreicht ist, ist von einer selbstständigen weiteren Diffusion der Innovation auszugehen. Aus diesem Sachverhalt resultiert die charakteristische S-Kurve für Innovationen (siehe hierzu Abb. 6.1). Für die Akzeptanz der Diffusion durch das soziale System sind die unterschiedlichen Rollen von Personen relevant. Die Rollen unterscheiden sich einerseits hinsichtlich des Zeitpunktes der Adoption der Innovation und andererseits hinsichtlich soziodemografischer und kommunikationsbezogener Merkmale wie etwa des sozioökonomischen Status, spezifischer Persönlichkeitsmerkmale oder des individuellen Kommunikationsverhaltens. Ohne auf den genauen Ablauf der Diffusion einzugehen, lohnt es sich, die erste Gruppe von Personen, die sogenannten Innovatoren, genauer zu betrachten. Diese machen rund 2,5 % der gesamten Populationen des sozialen Systems aus und weisen Merkmale

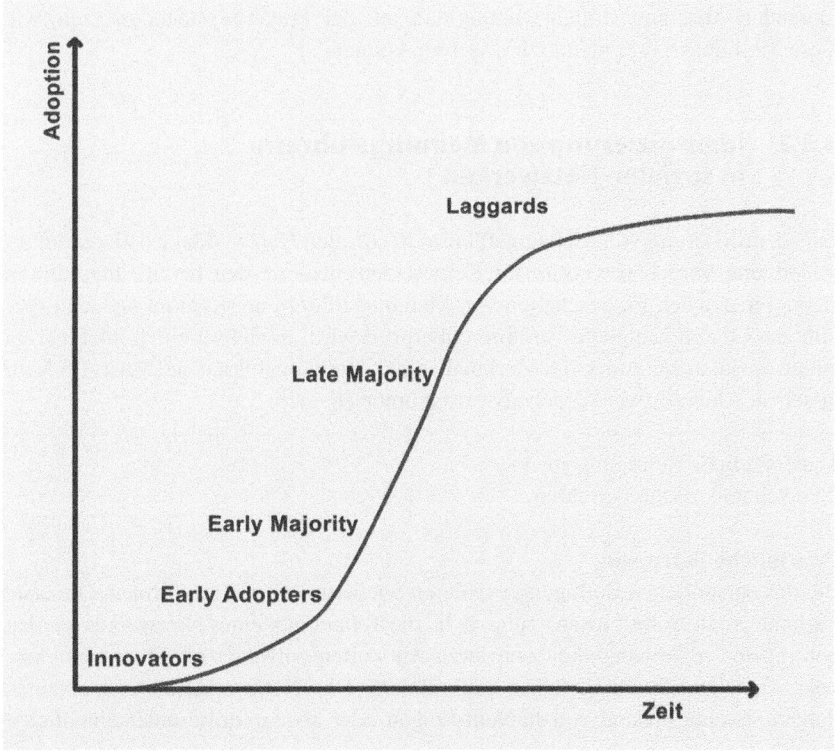

Abb. 6.1 Verlauf Diffusion einer Innovation. (Quelle: Wolf, 2022, S. 158)

wie ein hohes Maß an Risikobereitschaft sowie eine hohe Toleranz gegenüber Unsicherheit auf. Weiterhin verfügt dieser Personenkreis in der Regel über sehr viele Kontakte und ist in einer Position, neue Ideen in das soziale System hineinzubringen (vgl. Rogers, 1983, S. 245–251).

Kommen wir zur Ausgangsfrage zurück: Möchte ein Unternehmen eine Innovation vermarkten, so bringt es dem Modell zufolge sehr wenig, wenn das Unternehmen insbesondere die späte Mehrheit oder die Nachzügler über die Neuheit informiert. Diese werden die Innovation noch nicht adaptieren, sodass eine Diffusion ausgeschlossen ist – obwohl diese beiden Gruppen rund 50 % der Personen in dem betrachteten sozialen System ausmachen. Schafft es das Unternehmen hingegen, zumindest einen Teil der nur 2,5 % umfassenden Innovatoren anzusprechen, so besteht eine deutlich höhere Wahrscheinlichkeit, dass der Markt die Innovation annimmt.

Wir haben uns in diesem Abschnitt mit unterschiedlichen Arten von Meinungsführern sowie unterschiedlichen Typen von Rollen in sozialen Netzwerken auseinandergesetzt. Ich habe aufgezeigt, welchen Mehrwert für Unternehmen besteht, wenn es die „richtigen" Personen mit den „richtigen" Botschaften adressiert. Im folgenden Abschnitt wollen wir uns nun mit der Frage auseinandersetzen, wie diese Meinungsführer identifiziert werden können.

6.3.2 Identifizierung von Meinungsführern in sozialen Netzwerken

Zur Identifizierung von Meinungsführern in sozialen Netzwerken existieren unterschiedliche Vorgehensweisen. Im Kern setzen diese an den bereits angeführten charakteristischen Eigenschaften von Meinungsführern an. Konkret bedeutet dies nun, dass durch geeignete Verfahren überprüft wird, inwiefern ein Teilnehmer an einem sozialen Netzwerk die Merkmale eines Meinungsführers aufweist. Im Kern lassen sich hierzu zwei Vorgehensweisen unterscheiden:

1. persönliche Befragung sowie
2. datenanalytische Verfahren.

Persönliche Befragung
Bei der persönlichen Befragung existieren wiederum zwei Unterformen. Die erste Variante ist die Selbsteinschätzung, d. h., die Teilnehmer eines Netzwerkes werden befragt und in Abhängigkeit von ihren Antworten entweder als Meinungsführer oder als Nicht-Meinungsführer klassifiziert. Die Netzwerkteilnehmer können dabei entweder anhand von Ja/Nein-Fragen oder aber mithilfe unterschiedlicher

Bewertungsskalen (z. B. 5-stufige Likert-Skala) befragt werden. In der Praxis wurden hierzu unterschiedliche standardisierte Messinstrumente entwickelt. Im Kern zielen die Fragen darauf ab, zu identifizieren, wie sicher eine Person in ihrem Verhalten ist, ob sie gerne Führungsaufgaben übernimmt und Spaß daran hat, andere von ihrer eigenen Meinung zu überzeugen, ob die Person merkt, dass sich andere nach ihr richten, sie gerne Ratschläge gibt oder anderen Personen „einen Schritt voraus" ist (vgl. Duckwitz et al., 2020, S. 71 f.).

Auch wenn die kurzen Ausführungen deutlich gemacht haben, dass die Erstellung von Fragebögen nicht besonders schwierig ist und diese über soziale Medien sehr schnell verbreitet werden können, so weist der Ansatz der Selbsteinschätzung generell das Problem subjektiver Verzerrungen auf, insbesondere wenn Einzelne sich zu wichtig nehmen. Insofern ist es angemessen, die Selbsteinschätzung durch andere Methoden zu überprüfen. Und hier kommt die zweite Variante der Befragung ins Spiel, nämlich die Fremdeinschätzung. Hierzu werden ausgewählte Personen befragt, wen sie kontaktieren, um Rat zu erhalten. In der Literatur wird die Fremdeinschätzung generell als zuverlässiger bewertet, allerdings ist eine Umsetzung mit einem höheren Aufwand verbunden (vgl. Duckwitz et al., 2020, S. 72 f.).

Datenanalytische Verfahren
In onlinegestützten sozialen Netzwerken lassen sich Datenanalysen mit vergleichsweise geringem Aufwand und großen Stichproben umsetzen. Bis vor kurzem konnten z. B. über den Microblogging-Dienst Twitter (inzwischen X) über eine Schnittstelle kostenfrei öffentlich zugängliche Daten abgerufen werden, wodurch Vernetzungsstrukturen der Nutzer offensichtlich wurden. Inzwischen wurde diese Möglichkeit aber deutlich eingeschränkt. Bei anderen Plattformen, bei denen eine Kommunikation primär privat zwischen den Nutzern verläuft (z. B. Facebook), sind solche Analysen nicht so einfach umzusetzen, weil der Analyst entweder keinen Zugriff auf die entsprechenden Daten besitzt oder aber eine Erlaubnis der Nutzer einholen müsste. Letztendlich besitzt jede Plattform ihre eigenen Besonderheiten und Metriken, die bei einer Analyse berücksichtigt werden müssen. Im Kern können quantitative Daten wie beispielsweise die Anzahl der Follower oder die Art der Reaktionen auf eine Veröffentlichung analysiert werden (vgl. Duckwitz et al., 2020, S. 73).

In der Literatur wird allerdings festgehalten, dass rein quantitative Analysen immer durch eine qualitative Komponente zu ergänzen sind, da ansonsten die Gefahr einer Verzerrung besteht. So kann zwar die Stellung einer Person in einem Netzwerk mittels der Anzahl an Likes und Shares festgemacht werden, allerdings lässt dies keine Aussage zu, in welchem Umfang diese Person wirklich in der Lage ist, Einfluss auf Einstellung und Verhalten zu nehmen. Hierzu sind ergänzende qualitative Verfahren notwendig wie beispielsweise eine Inhaltsanalyse von Reaktionen der Follower oder mittels weiterer quantitativer Daten, wie beispielsweise der Anzahl der eingelösten Rabattcodes im Rahmen einer Werbeaktion. Eine ergänzende qualitative Auswertung ist auch deshalb angemessen, da eine rein quantitativ basierte Netzwerkanalyse durch Personen verzerrt werden kann, deren professionelle Aufgabe es ist, Informationen zu verbreiten. Hierzu zählen beispielsweise Journalisten oder Prominente (vgl. Duckwitz et al., 2020, S. 74).

Literatur

Ahlf, H. (2013). Identifikation von Influentials in virtuellen Netzwerken: Eine agentenbasierte Modellierung und Simulation sozialer Beeinflussungsprozesse. Duisburg, Essen. https://duepublico.uni-due.de/servlets/DocumentServlet?id=31462. Zugegriffen am 01.10.2023.

Brandertainment. (2021). Nano, Mikro, Makro, Mega – das 1x1 im Influencer Marketing. https://www.brandertainment.com/blog1/2021/3/2/nano-mikro-makro-mega-das-1x1-im-influencer-marketing. Zugegriffen am 14.09.2023.

Buechel, B., Teichert, T., & Rost, K. (2004). Netzwerkanwendungen und Soziales Kapital in der Betriebswirtschaftslehre. Beiträge zur Tagung vom 14. und 15. Oktober 2004, 3, 55–70. Institut für Politikwissenschaft.

Dressler, M., & Telle, G. (2009). *Meinungsführer in der interdisziplinären Forschung: Bestandsaufnahme und kritische Würdigung.* Gabler.

Duckwitz, A., Funk, W., & Schliebs, C. (2020). *Zielgruppengerechte Ansprache in der Verkehrssicherheitskommunikation über Influencer in den sozialen Medien: Forschungsstand und Handlungsempfehlungen.* Fachverlag NW in der Carl Ed. Schünemann KG.

Freeman, L. C. (2004). *The development of social network analysis: A study in the sociology of science.* Empirical press.

Geber, S. (2017). *Wie Meinungsführer Meinung kommunizieren: Meinungsführerschaft in der politischen Alltagskommunikation.* Herbert von Halem.

Hellmann, K.-U., & Marschall, J. (2010). Netzwerkanalyse in der Konsumforschung. In C. Stegbauer & R. Häußling (Hrsg.), *Handbuch Netzwerkforschung* (S. 647–656). VS Verlag für Sozialwissenschaften. https://doi.org/10.1007/978-3-531-92575-2_56

Jungnickel, K. (2017). *Interdisziplinäre Meinungsführerforschung: Eine systematische Literaturanalyse.* Springer VS.

Ng, A., & Soo, K. (2018). *Data Science – Was ist das eigentlich?! Algorithmen des maschinellen Lernens verständlich erklärt.* Springer.

Reachbird. (2022). Influencer Marketing – Definition, Vorteile und Herausforderungen. https://www.reachbird.io/magazin/de/influencer-marketing-definition-vorteile-herausforderungen/. Zugegriffen am 31.08.2023.

Rogers, E. M. (1983). *Diffusion of innovations.* Free Press.

Serdült, U. (2002). Soziale Netzwerkanalyse: Eine Methode zur Untersuchung von Beziehungen zwischen sozialen Akteuren. *ÖZB, 31*(2), 127–141.

Stegbauer, C. (2008). Soziale Netzwerkanalyse. In U. Sander, F. von Gross, & K.-U. Hugger (Hrsg.), *Handbuch Medienpädagogik* (S. 166–172). VS Verlag für Sozialwissenschaften.

Trommsdorff, V. (2009). *Konsumentenverhalten*. Kohlhammer.

Wolf, C. (2022). Diffusion of Innovations: Von Everett M. Rogers (1962). In R. Spiller, C. Rudeloff, & T. Döbler (Hrsg.), *Schlüsselwerke: Theorien (in) der Kommunikationswissenschaft* (S. 151–170). Springer VS. https://doi.org/10.1007/978-3-658-37354-2_10

Ziegler, R. (2010). Deutschsprachige Netzwerkforschung. In C. Stegbauer & R. Häußling (Hrsg.), *Handbuch Netzwerkforschung* (S. 39–53). VS Verlag für Sozialwissenschaften.

Usability

7

In Kap. 6 haben wir uns mit der Analyse der Nutzer und des Nutzerverhaltens auseinandergesetzt. Bei dieser Analyse tritt immer wieder die Frage auf, warum sich Nutzer auf eine gewisse Art und Weise verhalten. Warum z. B. eine Bestellung abgebrochen wurde oder der Nutzer eine Webseite verlassen hat. Antworten auf diese Fragen kann in vielen Fällen die Analyse der Usability geben: Der Nutzer hat den Bestellvorgang abgebrochen, weil z. B. der Bestellprozess zu langwierig war und zu viele Daten abgefragt worden sind. In diesem Kapitel setzen wir uns deshalb mit genau diesem Thema auseinander. Hierzu gehören eine Definition und eine Abgrenzung (Abschn. 7.1) ebenso wie das Aufzeigen der Bedeutung von Usability für Customer Insights (Abschn. 7.2). Schließlich gehe ich, basierend auf aktuellen DIN-Normen, auf Usability-Prinzipien (Abschn. 7.3) sowie den Usability-Prozess (Abschn. 7.4) ein. Das Kapitel schließt mit Usability Tests (Abschn. 7.5) sowie Beispielen für Usability in unterschiedlichen Branchen (Abschn. 7.6 und 7.7).

7.1 Definition und Abgrenzung

7.1.1 Definition

Für den Begriff der Usability existieren zahlreiche Definitionen. Bevor ich auf mein Verständnis des Begriffs eingehe, möchte ich zwei praxisrelevante Definitionen anderer Akteure vorstellen. Die erste Definition geht auf die ISO-Reihe 9241 (hier: 9241-11: Anforderungen an die Gebrauchstauglichkeit) zurück. Die ISO-Norm 9241 umfasst mehrere Dokumente und stellt einen internationalen Standard dar, auf den ich in diesem Kapitel noch öfter Bezug nehmen werde. Die ISO-Norm 9241-11 umfasst Richtlinien zur Gebrauchstauglichkeit von Produkten und versteht unter Usability *„das Ausmaß, in dem ein Produkt durch bestimmte Benutzer* *in einem bestimmten Nutzungskontext genutzt werden kann, um bestimmte Ziele effektiv, effizient und zufriedenstellend zu erreichen"* (DIN, 2018, S. 6).

Was bedeutet das nun? Usability im Verständnis der ISO-Norm stellt eine Bewertung dar. Diese Bewertung ist subjektiver Natur, da sie sowohl auf den jeweiligen Nutzer abstellt als auch auf die konkrete Situation sowie die in dieser Situation herrschenden Rahmenbedingungen. Die Bewertung erfolgt dabei vor dem Hintergrund einer Zielerreichung durch den Nutzer und umfasst sowohl die subjektive Zufriedenheit der Nutzer (= zufriedenstellen) als auch die Effektivität (= die richtigen Dinge tun) und die Effizienz (= die Dinge richtig tun). Oder in meinen Worten formuliert: Wenn wir von Usability reden, dann gehen wir immer von der Perspektive des Nutzers aus und stellen uns die Frage, wie nützlich das Produkt für den Nutzer ist und wie er es bewertet.

Die Nielsen Norman Group, eine US-amerikanische Beratungsgesellschaft, die sich auf die Gestaltung von Interfaces und User Experience spezialisiert hat, hält zum Begriff Usability fest: *„Usability is a quality attribute that assesses how easy user interfaces are to use. The word „usability" also refers to methods for improving ease-of-use during the design process."* (Nielsen Norman Group, 2012)

Die Beratungsfirma interpretiert den Begriff also entlang zweier unterschiedlicher Perspektiven:

- **Perspektive des Nutzers:** Einfachheit der Handhabung eines Interfaces aus Nutzerperspektive
- **Perspektive des Entwicklers:** Methoden zur Verbesserung der Nutzerfreundlichkeit im Rahmen des Designprozesses

Die Nielsen Norman Group erweitert also das Verständnis der ISO-Norm um die Entwicklungsperspektive, bezieht die Definition aber ausschließlich auf Interfaces (= Bedienoberflächen). In Ergänzung zur Definition führt die Unternehmensberatung fünf Merkmale an, die für eine hohe Usability gegeben sein müssen (vgl. Nielsen Norman Group, 2012):

1. **Erlernbarkeit:** Wie einfach kann ein Mensch, der zum ersten Mal mit der Bedienoberfläche arbeitet, grundlegende Aufgaben erfüllen?
2. **Effizienz:** Wie schnell kann ein Benutzer Aufgaben ausführen, nachdem er sich in das Interface eingearbeitet hat?
3. **Erinnerbarkeit:** Wie einfach kann ein Nutzer nach einer längeren Zeit der Nichtnutzung seine Kenntnisse wiederherstellen?
4. **Fehler:** Wie wahrscheinlich ist es, dass Nutzer Fehler machen, welche Bedeutung besitzen diese Fehler und wie schnell kann sich der Nutzer von diesen Fehlern „erholen"?
5. **Zufriedenheit:** Wie angenehm ist es für den Nutzer, das Interface zu verwenden?

Zusammenfassend kann festgehalten werden, dass Usability sowohl aus Nutzer- als auch aus Entwicklersicht betrachtet werden kann. Für uns ist im Kontext von Customer Insight besonders die Nutzersicht relevant, da wir uns darauf konzentrieren wollen, die Bedürfnisse und Erwartungen der Kunden zu verstehen und zu erfüllen. Um dies zu erreichen, müssen wir sicherstellen, dass unsere Produkte und Dienstleistungen benutzerfreundlich sind und eine positive Benutzererfahrung bieten. Eine gute Usability ermöglicht es den Nutzern, unsere Produkte intuitiv zu nutzen, effizient Aufgaben zu erledigen und Fehler zu vermeiden. Durch die Berücksichtigung der Nutzersicht können wir wertvolle Erkenntnisse gewinnen, die uns dabei helfen, unsere Produkte kontinuierlich zu verbessern und den Kunden zufriedenzustellen.

Meinem persönlichen Verständnis folgend können wir unter Usability prägnant die Möglichkeit zur einfachen Handhabung eines Produktes verstehen. Ein Produkt kann in diesem Kontext sowohl ein tatsächliches physisches Produkt als auch eine Leistung wie beispielsweise eine Webseite sein.

Wichtig ist für mich in diesem Zusammenhang, dass Usability ein Wechselspiel zwischen Innovation und Optimierung bedeutet: Konkret heißt das, dass zunächst eine Innovation stattfindet, die unternehmensseitig ausgelöst wird. In der Folge wird analysiert, wie der Nutzer mit Innovation umgeht, um Optimierungen vornehmen zu können. Festgemacht an einem konkreten Beispiel würde das wie folgt aussehen:

Hätte man Kunden nach einer Usability-Verbesserung von Pferdekutschen gefragt, so hätten diese vielleicht über eine bessere Federung oder Polsterung gesprochen. Tatsächlich konnte aber eine viel höhere Usability unternehmensseitig durch die Entwicklung des Verbrennungsmotors des Autos erzielt werden (= Innovation). In der Folge wurden kontinuierlich Verbesserungen unter Einbezug des Kunden vorgenommen (= Optimierungen). Ein zweites Beispiel wäre die Entwicklung des Smartphones mit zahlreichen neuen Features (Funktionsumfang, Bedienung ...) (= Innovation) und in der Folge eine kontinuierliche Verbesserung von Version zu Version (= Optimierung) durch eine Analyse des Nutzerverhaltens.

Doch warum setzen sich Unternehmen überhaupt mit Usability auseinander? Usability stellt einen wichtigen Treiber für unterschiedliche Zielgrößen eines Unternehmens dar. Zum Beispiel kann eine gute Usability dazu beitragen, dass ein Unternehmen möglichst wenig Leute auf der Kundenreise verliert und damit eine hohe Conversion Rate erzielen kann. Ein weiteres Beispiel ist, dass sich ein einfach zu handhabendes Produkt besser verkauft als ein Produkt, das schwierig in der Handhabung ist und vom Nutzer erst das Lesen einer umfangreichen Dokumentation erfordert. Und nicht zuletzt kann ein einfach zu benutzendes Produkt auch zu einer hohen Kundenzufriedenheit führen, was sich nicht nur in einer hohen Loyalität des Kunden zum Unternehmen, sondern auch in Weiterempfehlungen widerspiegeln kann.

7.1.2   Abgrenzung – Unterschied zwischen Usability und User Experience

Auch der Begriff der User Experience wird in der angeführten ISO-Reihe 9241 (hier: DIN ISO 9241-210) definiert. User Experience wird dort als *„Kombination von Wahrnehmungen und Reaktionen einer Person, die aus der tatsächlichen und/oder der erwarteten Benutzung eines Produkts, eines Systems oder einer Dienstleistung resultieren"* (DIN, 2020, S. 10) verstanden. Die Norm führt weiter aus, dass zur User Experience Aspekte wie Emotionen des Nutzers, seine Vorstellungen und Vorlieben sowie seine physiologischen und psychologischen Reaktionen gehören, die nicht nur während, sondern auch vor und nach der Nutzung entstehen bzw. auftreten.

Wir sehen also, dass auch die User Experience auf die subjektive Komponente eines Nutzers abstellt. Allerdings umfasst User Experience die Ergebnisse einer Interaktion zwischen dem Nutzer und dem Produkt in Form von Wahrnehmungen und Reaktionen und bezieht sich nicht auf die Handhabung an sich. Weitere Unterschiede sind, dass zum einen die Usability ausschließlich während der Produktnutzung betrachtet wird, User Experience umfasst hingegen einen längeren Zeitraum, da sowohl die Zeit vor als auch nach der eigentlichen Nutzung einbezogen wird. Zum anderen hängt die User Experience auch von der Erwartungshaltung des Nutzers ab und ist damit Resultat eines Vergleiches, sprich: Was hat der Nutzer vom Produkt erwartet und in welchem Umfang wurde diese Erwartungshaltung erfüllt oder nicht erfüllt? Die Erwartungshaltung des Nutzers muss dabei nicht zwangsläufig explizit formuliert oder dem Nutzer bewusst sein. Vielmehr kann eine Erwartungshaltung auch implizit bestehen. Im Zusammenhang mit dem Begriff der User Experience wird auch häufig der Begriff „joy of use" gebraucht, also der Spaß, der bei der Nutzung auftritt.

Meinem persönlichen Verständnis folgend ist trotz der angeführten Unterschiede ein sehr enger Zusammenhang zwischen Usability und User Experience gegeben. Dies liegt in dem Umstand begründet, dass Usability gegeben sein muss, damit ein Nutzer überhaupt eine positive Erfahrung im Sinne einer User Experience machen kann: Wenn ein Interface z. B. sehr kompliziert aufgebaut ist und der Nutzer viele Versuche unternehmen muss, bevor er die gewünschten Eingaben oder Interaktionen vornehmen kann, ist eine geringe Usability vorhanden. Gleichzeitig wird diese geringe Usability aber auch dazu führen, dass die Erwartungshaltung des Nutzers nicht erfüllt wird und er deswegen negative Emotionen entwickelt. Umgekehrt kann eine hohe Usability mit einer guten Nutzererfahrung einhergehen, dies muss aber nicht zwangsläufig der Fall sein. Ein Beispiel hierfür wäre, wenn ein Interface sehr eintönig und langweilig gestaltet ist. In diesem Fall würde der Nutzer zwar sehr einfach und schnell zum Ziel gelangen (hohe Usability), hätte aber bei der Nutzung nur wenig Freude oder Spaß (geringe User Experience).

Letztendlich kann man also festhalten, dass das Konzept der User Experience auf dem Ansatz der Usability aufbaut und diesen um subjektive, emotionale Aspekte, die in Zusammenhang mit der Nutzung auftreten, erweitert.

7.2   Bedeutung von Usability für Customer Insights

Bevor wir uns in diesem Kapitel mit den Grundprinzipien von Usability sowie dem Usability-Prozess und den Methoden auseinandersetzen, will ich die Frage beantworten, warum wir uns in Zusammenhang mit Customer Insights mit Usability beschäftigen müssen.

Bei der Analyse des Nutzerverhaltens werden wir immer wieder auf die Frage stoßen, warum die Nutzer ein gewisses Verhalten zeigen oder nicht zeigen. Ein Beispiel wäre, dass zwar viele Nutzer Produkte im Warenkorb haben und in den Bestellprozess übergehen, aber dann die Bestellung abbrechen. An dieser Stelle tritt für uns die Frage auf, warum der Kunde die Bestellung nicht abschließt. Wir müssen uns mit den Gründen dafür auseinandersetzen und Hypothesen aufstellen. Eine mögliche Hypothese für dieses Beispiel wäre, dass der Bestellprozess für den Kunden zu kompliziert zu handhaben ist, weil beispielsweise Informations- und Aktivitätselemente nicht so angeordnet sind, wie der Kunde sie kennt und erwartet, und er deshalb die Bestellung nicht abschicken kann (z. B. sollte der Button zum Absenden eines Formulars immer rechts platziert sein). Oder aber der Bestellprozess ist für den Kunden deshalb nicht einfach zu handhaben, weil für die Bestellung aus seiner Sicht zu viele und vor allem unnötige Daten abgefragt werden.

Wichtig an dieser Stelle ist festzuhalten, dass Usability nicht als etwas Statisches zu betrachten ist, sondern sich im Fluss befindet, sich verändert und weiterentwickelt. Denken Sie beispielsweise an Webseiten aus den 1990er-Jahren: Selbst ein geübter, junger Internetnutzer würde an manchen Punkten dieser Webseiten verzweifeln.

7.3   Usability-Prinzipien: Gestaltungsprinzipien und Grundsätze der Informationsdarstellung

Nachdem wir uns in Abschn. 7.2 angesehen haben, was Usability ist, will ich nun darauf eingehen, worin sich Usability konkret manifestiert. Auch hierzu können wir auf die bereits angeführte ISO-Reihe (hier: 9241-110:2020-10) zurückgreifen. Diese enthält sogenannte Interaktionsprinzipien, die den Kern der Norm darstellen (in früheren Fassungen wurden diese Prinzipien auch als „Grundsätze der Dialoggestaltung" bezeichnet). Bei den Interaktionsprinzipien handelt es sich um allgemeine, von einer konkreten Technologie sowie einem bestimmten Nutzungskontext unabhängige Gestaltungsempfehlungen, die sowohl zur Analyse als auch zur Entwicklung und Bewertung von interaktiven Systemen angewendet werden können. Auf die einzelnen Prinzipien wird in der Folge eingegangen. Weiterhin wird sehr prägnant dargestellt, welche konkreten Empfehlungen die ISO-Norm für die einzelnen Interaktionsprinzipien gibt.

7.3.1 Aufgabenangemessenheit

Aufgabenangemessen ist ein System nach Definition der ISO-Norm, falls es den Nutzer bei der Erledigung seiner Aufgaben unterstützt. Voraussetzung hierzu ist, dass „die bedienten Funktionen und die Benutzer-System-Interaktion auf den charakteristischen Eigenschaften der Aufgabe basieren (und nicht auf der zur Erfüllung der Aufgabe gewählten Technologie)" (DIN, 2020, S. 16). Konkrete Empfehlungen sind (vgl. DIN, 2020, S. 16):

• Beurteilung, in welchem Umfang das System für eine bestimmte Aufgabe angemessen ist,
• optimale Gestaltung des Aufwands für die Erledigung einer Aufgabe sowie
• die Ermöglichung einer Standardauswahl zur Aufgabenunterstützung.

7.3.2 Selbstbeschreibungsfähigkeit

Dieses Gestaltungsprinzip bedeutet, dass das System dem Nutzer in angemessenem Umfang Informationen zur Bedienung des Systems und zu den Fähigkeiten des Systems zur Verfügung stellt, ohne dass der Nutzer hierfür tätig werden muss (vgl. DIN, 2020, S. 18). Als Empfehlungen werden gegeben (vgl. DIN, 2020, S. 18):

1. Verfügbarkeit sowie Offensichtlichkeit von Informationen über das System
2. Anzeige des Systemzustandes.

7.3.3 Erwartungskonformität

Erwartungskonformität im Verständnis der ISO Norm bedeutet, dass das System ein für den Nutzer vorhersehbares Verhalten zeigt. Diese Vorhersehbarkeit basiert zum einen auf dem Nutzungskontext und zum anderen auf als allgemeingültig anerkannten Konventionen für diesen Nutzungskontext (vgl. DIN, 2020, S. 20). Um der Erwartungskonformität zu entsprechen, sollte ein System (vgl. DIN, 2020, S. 20):

* angemessen auf Aktionen des Nutzers reagieren,
* konsistent sein, d. h., das System sollte dem Nutzer vertraute Konventionen verwenden,
* auf Änderungen im Nutzungskontext auf eine angemessene Art und Weise reagieren. Dazu gehört z. B., dass ein an ein Notebook angeschlossener Beamer automatisch als Anzeigegerät erkannt wird und die Bildausgabe auf diesem Gerät erfolgt.

7.3.4   Erlernbarkeit

Das vierte Gestaltungsprinzip fordert, dass das System den Nutzer bei der Identifizierung der Fähigkeiten des Systems unterstützt. Konkret bedeutet das gemäß der ISO-Norm, dass der Nutzer das System ausprobieren kann, der Lernaufwand für den Umgang mit dem System so gering wie möglich ist und das System dem Nutzer, sofern notwendig, Unterstützung bietet (vgl. DIN, 2020, S. 23). Eine Erlernbarkeit manifestiert sich in folgenden drei Aspekten (vgl. DIN, 2020, S. 23):

* Der Nutzer kann Informationen und Steuerelemente entdecken.
* Der Nutzer kann gefundene Informationen und Steuerelemente explorieren.
* Das System sollte Rückmeldungen geben, sodass der Nutzer die Auswirkungen seiner Aktionen erkennen kann.

7.3.5   Steuerbarkeit

Als steuerbar bezeichnet die ISO-Norm ein System, wenn der Nutzer zu jedem Zeitpunkt die Kontrolle sowohl über die Benutzung der Schnittstelle als auch über die Interaktionen besitzt. Insbesondere erfordert das Prinzip der Steuerbarkeit, dass der Nutzer die Geschwindigkeit, die Abfolge und eine Individualisierung der Interaktion selbst festlegen bzw. bestimmen kann (vgl. DIN, 2020, S. 25). Um den Anforderungen der Steuerbarkeit zu entsprechen, sollte ein System (vgl. DIN, 2020, S. 25):

* Unterbrechungen durch den Benutzer zulassen,
* flexibel sein, d. h., z. B. sollte die Reihenfolge der Bearbeitung durch den Nutzer anpassbar sein oder der Nutzer sollte die Möglichkeit besitzen, zumindest die letzte Aktion rückgängig zu machen,
* die Möglichkeit zur Individualisierung bieten.

7.3.6   Robustheit gegenüber Benutzungsfehlern

Das Prinzip der Robustheit gegenüber Benutzungsfehlern fordert vom System, dass dieses den Nutzer bei der Fehlervermeidung sowie bei der Behebung von Fehlern unterstützt und Toleranz gegenüber Benutzungsfehlern aufweist (vgl. DIN, 2020, S. 27).

7.3.7   Benutzerbindung

Das letzte Prinzip bedeutet, dass das System durch Funktionen und Informationen den Nutzer dazu bringt, das System kontinuierlich zu nutzen (vgl. DIN, 2020, S. 30). Voraussetzungen hierfür sind (vgl. DIN, 2020, S. 30):

* die Motivation des Benutzers,
* ein vertrauenswürdiges System sowie
* eine im Zeitablauf steigende Einbeziehung des Nutzers in das interaktive System.

Die ISO-Norm weist weiterhin darauf hin, dass die Einhaltung der Gestaltungsprinzipien sowie der Empfehlungen dazu führt, dass die Komponenten Effektivität, Effizienz sowie Zufriedenheit des Nutzers positiv beeinflusst werden. Weiterhin hält die Norm fest, dass es bei den vorgestellten Prinzipien zu Überschneidungen kommen kann (vgl. DIN, 2020, S. 12–13).

Beispiel: Ein Nutzer findet bei der Arbeit mit einem interaktiven System eine Information (z. B. eine Erläuterung) nicht dort, wo er sie erwartet. Insofern ist das System nicht erwartungskonform. Aus Sicht des Nutzers ist gleichzeitig die Selbstbeschreibungsfähigkeit des Systems eingeschränkt, da er die erwartete und benötigte Information nicht finden kann (vgl. DIN, 2020, S. 13).

Die ISO-Norm weist aber auch darauf hin, dass durch technologische oder ergonomische Entwicklungen weitere Empfehlungen notwendig werden können. Neben den angeführten Interaktionsprinzipien sind auch die in der ISO-Norm 9241-112 beschriebenen Grundsätze der Informationsdarstellung dazu geeignet, die Usability einer Lösung sicherzustellen. Hierzu zählen (vgl. DIN, 2020, S. 15–28):

* **Entdeckbarkeit:** Im System vorhandene Informationen sind so dargestellt, dass sie vom Nutzer wahrgenommen werden können.
* **Ablenkungsfreiheit:** Der Nutzer kann für ihn erforderliche Informationen wahrnehmen, ohne dass er durch andere, für ihn nicht relevante Informationen abgelenkt wird.

- **Unterscheidbarkeit:** Informationen bzw. Informationselemente sind so dargestellt, dass sie von anderen Informationen bzw. Innovationselementen unterschieden werden können.
- **Eindeutige Interpretierbarkeit:** Eine eindeutige Interpretierbarkeit ist gegeben, wenn der Nutzer Informationen so versteht, wie sie intendiert sind.
- **Kompaktheit:** Eine Kompaktheit ist gegeben, wenn ausschließlich die notwendigen Informationen dargestellt sind.
- **Konsistenz:** Konsistenz bedeutet, dass im System Informationselemente mit ähnlichem Zweck ähnlich und Informationselemente mit unterschiedlichem Zweck in einem anderen Stil und/oder anderer Form dargestellt werden.

7.4 Usability-Prozess: Usability-Analyse und -Optimierung

Der Usability-Prozess, auch als Usability Engineering bezeichnet, besteht aus den Phasen

1. Analyse des Nutzungskontextes und Spezifizierung der Anforderungen,
2. Konzeption und Entwicklung,
3. Durchführung von Usability Tests sowie
4. Einführung und kontinuierliche Weiterentwicklung.

Festzuhalten ist, dass der Prozess über eine iterative Gestalt verfügt, d. h., dass ausgehend vom Testen der entwickelten Lösung im dritten Schritt ggf. zur Analyse bzw. Spezifizierung oder zur Konzeption und Entwicklung zurückgekehrt werden muss, sofern die Evaluation des Produktes nicht zufriedenstellend verlaufen ist (siehe hierzu auch Abb. 7.1) (vgl. German UPA e. V., 2016, S. 22–65; Deutsche Akkreditierungsstelle GmbH, 2010, S. 14–16; Handbuch Usability, o. J.).

Analyse des Nutzungskontextes und Spezifizierung der Anforderungen
Die erste Phase des Usability-Prozesses ist darauf ausgerichtet, ein tiefer gehendes Problemverständnis zu erreichen. Das bedeutet zu verstehen, in welcher Situation der Kunde die (geplante) Lösung in welcher Art und Weise anwendet. Welche Art von Analyse angemessen ist, hängt dabei von der Art der Lösung ab. So kann bei einer zu entwickelnden Dienstleistung beispielsweise ein Fokusgruppen-Gespräch durchgeführt werden. In jedem Fall gilt es zu identifizieren, welche Erwartungshaltung der Nutzer besitzt und welche Fähigkeiten bzw. Funktionen die Lösung aufweisen soll. Dann können beispielsweise Nutzungsszenarien für unterschied-

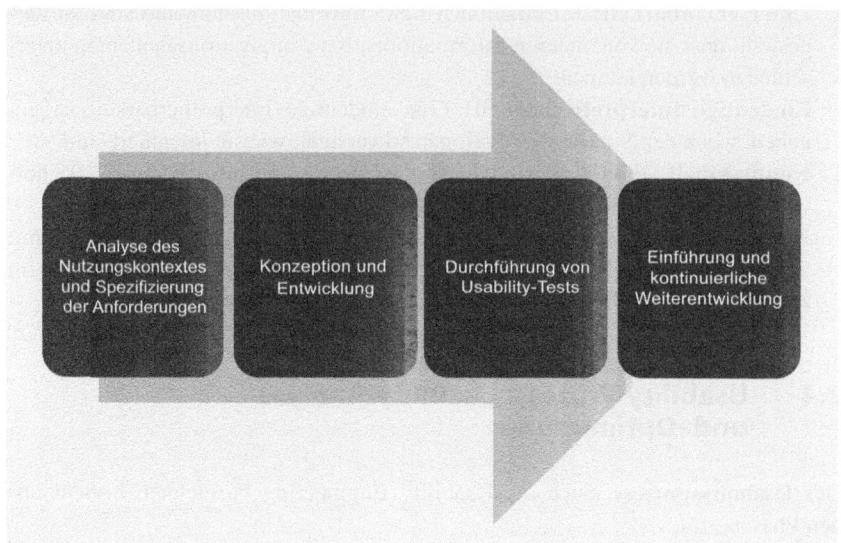

Abb. 7.1 Usability-Prozess

liche Zielgruppen erarbeitet und Hypothesen über die Erwartungshaltung der Nutzer aufgestellt werden. Ist die Analyse durchgeführt, gilt es, Ziele zu definieren und daraus konkrete Anforderungen für die zu entwickelnde Lösung abzuleiten.

Konzeption und Entwicklung

Basierend auf den konkreten Anforderungen kann im zweiten Schritt damit begonnen werden, die Lösung zu konzipieren und im Anschluss daran erste Prototypen zu entwickeln, die intern verprobt und getestet werden. Unter Umständen findet ein iterativer Prozess zwischen Konzeption und Entwicklung statt. Welche Ausprägung der Prototyp aufweist, hängt wiederum von der Art der zu entwickelnden Lösung ab. Es kann sich beispielsweise um ein Mockup für eine Webseite, eine Skizze auf Papier oder ein physisches Produkt mit einem noch eingeschränkten Funktionsumfang handeln.

Durchführung von Usability-Tests

Der nächste Schritt umfasst die Evaluation des entwickelten Prototypen bei der geplanten Zielgruppe bzw. den geplanten Zielgruppen. In der Praxis existiert hierzu eine Vielzahl an möglichen Verfahren, die ich in Abschn. 7.5 zu systematisieren versuche. Auch bei diesem Prozessschritt kann ein iteratives Vorgehen notwendig sein, sodass beispielsweise neue Prototypen entwickelt werden müssen.

Einführung und kontinuierliche Weiterentwicklung
Sind die Tests abgeschlossen und ist eine adäquate Lösung entwickelt, ist diese einzuführen und in der Folge kontinuierlich weiterzuentwickeln. Hierzu sind wiederum geeignete Testverfahren umzusetzen. Im Fall einer Webseite oder eines Onlineshops manifestiert sich dieser Schritt beispielsweise in einer kontinuierlichen Analyse des Nutzerverhaltens über entsprechende Online-Tools.

7.5   Verfahren zur Messung von Usability

In der Praxis wird eine hohe Anzahl an Verfahren zur Messung von Usability genutzt. In diesem Kapitel versuche ich, eine Systematisierung der Verfahren nach der verwendeten empirischen Methode vorzunehmen. Zielsetzung dieses Abschnitts ist es nicht, vollumfänglich alle Usability-Methoden darzustellen. Vielmehr sollen Ansätze für unterschiedliche Zielsetzungen und Arten von Produkten bzw. Leistungen vorgestellt werden.

7.5.1   Befragungen

Befragungen zielen darauf ab, Äußerungen einer Person oder einer Personengruppe zu erhalten. Befragungen können auf unterschiedlichen Wegen (schriftlich, mündlich, online) und entweder quantitativ (z. B. Feedbackbogen, auf denen der Nutzer Kreuze setzen muss) oder qualitativ (Interviews mit Experten oder Fokusgruppen mit Anwendern) umgesetzt werden.

Tiefeninterviews/Kontextinterviews
Tiefeninterviews, auch als Kontextinterviews bezeichnet, stellen eine Form der Befragung dar. Die Interviews werden mit Hilfe eines Leitfragebogens umgesetzt und zielen darauf ab, zu identifizieren, wie sich der Nutzer in bestimmten Situationen verhält, also beispielsweise bei der Erledigung einer Aufgabe. Auf diese Art und Weise können nicht nur objektive Informationen gewonnen werden, beispielsweise wo die Herausforderungen in Zusammenhang mit der Produktnutzung liegen, sondern es können auch weiche Informationen wie beispielsweise Wünsche der Kunden oder deren Emotionen bei der Produktnutzung identifiziert werden (vgl. msg, o. J.-a).

Benchmarking durch Befragung
Grundüberlegung des Benchmarkings ist ein Vergleich des eigenen Produktes mit mehreren Produkten von Konkurrenzunternehmen. Im Rahmen des Tests werden potenzielle Nutzer gebeten, mit den Produkten übliche Aufgaben durch-

zuführen bzw. Probleme zu lösen. Dabei werden die Nutzer zum einen beobachtet und zum anderen nach der Produktnutzung gebeten, einen Fragebogen auszufüllen. Mit dieser Vorgehensweise können Schwachstellen des eigenen Produktes identifiziert, Verbesserungsmöglichkeiten im Vergleich zu Konkurrenzprodukten aufgezeigt sowie Präferenzen des Nutzers identifiziert werden (vgl. usability.de, o. J.).

7.5.2 Beobachtungen

Bei Beobachtungen kommt entweder das menschliche Auge zum Einsatz (direkte Beobachtung) oder aber es werden Hilfsmittel wie beispielsweise eine Videokamera eingesetzt (indirekte Beobachtung).

Eyetracking
Eyetracking stellt eine Variante der Beobachtung dar, bei der technische Hilfsmittel eingesetzt werden. Konkret wird ein Nutzer in einem spezifischen Nutzungskontext mit einer Apparatur ausgestattet, die dem Blick des Nutzers folgt. Eingesetzt werden kann diese Methode beispielsweise bei der Analyse der Usability von Webseiten. Über die Analyse kann beispielsweise festgestellt werden, welche Elemente der Nutzer auf einer Webseite zuerst betrachtet, an welchen Elementen sein Blick hängenbleibt und welche Elemente der Nutzer überhaupt nicht wahrnimmt. In der Regel wird das Eyetracking eingesetzt, um eine spezifische Fragestellung zu beantworten, beispielsweise warum sehr viele Nutzer zwar Produkte in den Warenkorb legen, aber den Kauf letztendlich nicht durchführen (vgl. onlinemarketing praxis, o. J.).

Card-Sorting
Beim Card-Sorting handelt es sich um eine Methode, die zur Schaffung einer für den Nutzer nachvollziehbaren Informationsarchitektur genutzt werden kann. Typisches Einsatzszenario für das Card-Sorting ist die Erarbeitung einer Navigationsstruktur für eine Webseite. Umgesetzt wird das Card-Sorting, indem potenzielle Nutzer Karteikarten mit Begriffen erhalten und diese zu Kategorien zusammenfassen müssen. Im Fall der Navigationsstruktur für eine Webseite stehen auf den Karteikarten die geplanten Informationsinhalte für die Webseite, die potenzielle Nutzer in eine für sie logische Struktur bringen sollen. Das Card-Sorting kann entweder mit Hilfe von Papierkarten durchgeführt werden oder online. Bei einer Durchführung mit Papierkarten kann entweder der Prozess oder nur das Ergebnis beobachtet werden, also z. B. durch eine Person oder eine Videoaufnahme (vgl. msg, o. J.-b).

7.5.3   Heuristische Verfahren

Heuristische Verfahren könnte man auch als „Abkürzungen" bezeichnen. Es geht also um Verfahren, die auf Erfahrung beruhen. Diese Verfahren sind nicht exakt und führen nicht zu optimalen Lösungen, allerdings sind die gefundenen Lösungen meist ausreichend gut. Beispiele hierfür sind das Trial-and-Error-Verfahren, Daumenregeln oder sogenannte „goldene Regeln". Die in Abschn. 7.5 angeführten Gestaltungsprinzipien und Grundsätze der Informationsdarstellung stellen ein solches Regelwerk dar. Zur Umsetzung dieses heuristischen Verfahrens wird überprüft, in welchem Umfang die Regeln bei einem gewissen Objekt umgesetzt bzw. berücksichtigt wurden. In unserem Kontext kann also beispielsweise eine Webseite oder ein Onlineshop anhand der Gestaltungsprinzipien überprüft werden. Eine beliebte Vorgehensweise stellt hierbei der sogenannte Cognitive Walkthrough dar. Dabei versetzt sich der Entwickler oder eine andere Person in die Situation des Nutzers und führt eine simulierte Kundenreise durch. Er prüft, in welchem Umfang die definierten Kriterien erfüllt worden sind und ob der Nutzer die intendierten Aufgaben (z. B. Einkauf in einem Onlineshop) ohne Hürden und Probleme ausführen kann (vgl. Peinert-Elger & Magerhans, 2023, S. 143–147; msg, o. J.-a).

7.5.4   Experimente

Experimente zeichnen sich dadurch aus, dass eine Reaktion auf Reize oder Maßnahmen überprüft wird, um aufgestellte Hypothesen zu überprüfen. Für Experimente wird eine festgelegte Untersuchungsanordnung genutzt. Generell können auch die in Abschn. 7.5.2 angeführten Methoden als Experimente designt werden, indem klare Hypothesen formuliert werden. Beispielsweise können beim Eyetracking basierend auf den Erkenntnissen aus einer Online-Analyse Hypothesen über die „Sichtbarkeit" oder „Unsichtbarkeit" von Elementen aus Sicht der Nutzer aufgestellt werden (Beispiele: Mindestens 70 % der Nutzer nehmen das Element X auf der Webseite nicht wahr; für die weiblichen Nutzer stellt das Element Y einen Eye-Catcher da, auf dem sie lange verweilen).

Ein Beispiel für ein Experiment ist das sogenannte A/B/n-Testing, bei dem in einem definierten Setting zwei oder mehr Varianten auf ihre Usability hin überprüft werden. Dieser Test findet häufig im Online-Bereich Anwendung, indem der Traffic oder die Anzahl bestimmter vom Nutzer ausgeführten Aktionen als Entscheidungskriterium für eine der zu prüfenden Varianten herangezogen wird. Beispielsweise kann die Platzierung von Aktionselementen auf einer Webseite oder das Design eines Onlineshops mittels eines A/B/n-Tests überprüft werden (vgl. Stegemann & Suwelack, 2020, S. 159–167).

7.6   Usability und Customer Insights in verschiedenen Branchen

In diesem Kapitel wird auf spezielle Anforderungen und Zusammenhänge von Usability in verschiedenen Branchen eingegangen. Konkret sind dies Webanwendungen und E-Commerce bzw. Onlineshops, mobile Applikationen sowie physische Produkte und Services.

7.6.1   Webanwendungen und E-Commerce und Onlineshops

Die bereits angeführte ISO-Norm gibt exemplarisch für Webanwendungen eine Reihe von Hinweisen zu jedem der angeführten Gestaltungsprinzipien. So hält die Norm beispielsweise im Hinblick auf die Aufgabenangemessenheit für Webanwendungen fest, dass (vgl. DIN, 2020, S. 17):

- automatisierte Abläufe dazu geeignet sind, den Nutzer zu entlasten. Ein Beispiel hierfür sind Startparameter, die zu Beginn der Nutzung bereits voreingestellt sind. Dies erleichtert dem Nutzer den Einstieg in die Anwendung und er kann zu einem späteren Zeitpunkt die voreingestellten Parameter seinen eigenen Bedürfnissen entsprechend verändern.
- eine Webanwendung darauf verzichten sollte, den Nutzer irrelevante Formularfelder ausfüllen zu lassen, da dies für den Nutzer sehr mühselig ist.
- einzelne Schritte einer Aufgabe durch geeignete Dialogwege und Fenster genau abgebildet sind. Ein Beispiel hierfür wäre eine nachvollziehbare Nutzerführung beginnend mit dem Warenkorb über die Eingabe der Nutzerdaten bis hin zur Abwicklung der Zahlung.

Als Beispiel für die Steuerbarkeit einer Webseite werden unter anderem die Verwendung von anklickbaren Vorschaubildern an Stelle von übergroßen Grafiken sowie die Möglichkeit zur Sortierung und Filterung von Ergebnissen und Abfragen betrachtet. Auch für die anderen Gestaltungs- bzw. Designprinzipien wird eine Reihe an Beispielen angeführt (DIN, 2020, S. 24–27).

Gehen wir zur Praxis über, so vergleiche ich gerne die Aufgabe von Webentwicklern und Designern mit den Marktforschern in den stationären Ladenlokalen: Diese versuchen seit der Etablierung der Marketingdisziplin, Geschäfte des Einzelhandels möglichst kundenfreundlich zu gestalten – und damit gleichzeitig den Umsatz zu maximieren. So wurden Experimente bezüglich der Platzierung von Produkten in den Regalen oder Befragungen und Tests mit Nutzern hinsichtlich der

Gestaltung von Produktverpackungen durchgeführt. Mit Haßloch in der Pfalz wurde über viele Jahre sogar ein ganzer Ort mit 20.000 Einwohnern als Testmarkt benutzt. Dieser sollte eine repräsentative Abbildung Deutschlands darstellen und die Bewohner der Stadt wurden als Testkäufer für neue Produkte oder Testzuschauer für neue Werbungen genutzt (vgl. SWR, 2022).

Betrachten wir nun die Aufgabe von Webentwicklern und Webdesignern in Zusammenhang mit der Usability von Anwendungen, so gestaltet sich deren Aufgabe recht ähnlich: Auch Entwickler und Designer nutzen Daten aus unterschiedlichen Tools, um eine möglichst optimale Gestaltung der Webseite oder des Onlineshops zu gewährleisten. Im E-Commerce ist es beispielsweise sehr wichtig, den Weg zum Kauf möglichst kurz zu gestalten, d. h., dass der Kunde über die Kategorieseite zu einer Produktdetailseite gelangt, dort das Produkt sofort in den Warenkorb legen kann, ggf. weitere Produkte findet und sich danach einem möglichst kurzen Warenkorbdurchlauf und einer zügigen Kaufabwicklung gegenübersieht. Auch hier zeigen sich wieder die Gemeinsamkeiten mit dem Einkauf im stationären Handel: Was im Handel die Produktpräsentation eines Produktes im Regal darstellt, wird im Onlineshop durch die Produktdetailseite übernommen. Den Checkout stellt die Kasse dar und an Kassen findet sich häufig sogenannte Quengelware, d. h. Produkte, die der Kunde noch direkt aus dem Display auf das Kassenband legen soll. Bezogen auf das Onlineshopping sind Quengelware die Produkte, die dem Nutzer noch kurz vor Beendigung des Kaufprozesses eingeblendet werden, wie z. B. Produkte als Ergänzung zu den sich im Warenkorb befindenden Artikeln.

Als Herausforderung für Entwickler und Designer stellt sich jedoch der Umstand dar, dass nicht jeder Mensch gleich navigiert: Ältere Leute besitzen ein anderes Nutzungsverhalten als jüngere Menschen und internetaffine Personen legen ein anderes Verhalten an den Tag als technikaverse Menschen. Sofern die Webanwendung oder der Onlineshop nicht auf eine spezifische Zielgruppe (z. B. Bekleidung ausschließlich für junge Leute bis ca. 25 Jahre) ausgelegt ist, müssen die Entwickler und Designer Lösungen finden, die von unterschiedlichsten Personen verstanden und genutzt werden können.

In Zusammenhang mit Webanwendungen, aber auch den im Folgenden dargestellten mobilen Applikationen, ist häufig festzustellen, dass sich Entwickler und Designer an den Gestaltungsprinzipien von erfolgreichen Unternehmen orientieren. So ist es z. B. hilfreich, sich als kleiner Onlineshop im Bekleidungsbereich an den großen Akteuren der Branche zu orientieren und beispielsweise im Hinblick auf die Nutzerführung in Zusammenhang mit dem Kaufprozess nicht einen vollständigen eigenen und neuen Weg zu beschreiten.

Meines Erachtens ist eine hohe Usability bei Webanwendungen gerade in der aktuellen Zeit wichtiger denn je: Auf künstlicher Intelligenz basierende Sprachmodelle wie beispielsweise Chat-GPT erlauben eine kostengünstige Erstellung umfangreicher Textmengen für Webseiten. Beim Einsatz von Sprachmodellen gilt jedoch in vielen Fällen „Quantität vor Qualität". Um trotz der Masse Texte wahrgenommen zu werden, ist es deshalb notwendig, sich zu differenzieren. Und ein Ansatzpunkt hierbei ist die Usability, andere Ansatzpunkte sind die Qualität der Inhalte oder auch die eigene (Personen-)Marke.

7.6.2   Mobile Apps

Viele der Aspekte, die ich für Webanwendungen und Onlineshops angeführt habe, gelten auch für mobile Applikationen. Auch hier kommt es darauf an, Kaufprozesse bei Onlineshops möglichst einfach zu gestalten oder vom Nutzer benötigte Informationen möglichst schnell und einfach zugänglich zu machen. Festzustellen ist im Hinblick auf mobile Applikationen aber meiner Ansicht nach eine viel höhere Veränderungsgeschwindigkeit. So wurde beispielsweise mit Anwendungen wie Snapchat, Tinder und TikTok das „Wischprinzip" etabliert, was nicht nur bis dato unbekannt war, sondern in der Folge auch von anderen Anwendungen übernommen wurde.

Als einen Vorreiter für Usability in Zusammenhang mit mobilen Applikationen sehe ich, vermutlich für den Leser wenig überraschend, das Unternehmen Apple mit seinem iPhone und dem iPhone-Betriebssystem iOS. Hier wurden beispielsweise mit dem Rein- und Rauszoomen in Anwendungen intuitive Bedienmöglichkeiten entwickelt und etabliert. Es zeigt sich auch, dass Unternehmen sehr schnell auf Veränderungen wie beispielsweise äußere Einflussfaktoren reagieren wollen und auch reagieren können. So stellte beispielsweise die Face-ID eine von vielen Nutzern wertgeschätzte Option zum Entsperren des iPhones ohne Eingabe eines Codes über das Display dar. Durch das Tragen von Masken in zeitlichem Zusammenhang mit der Corona-Pandemie gestaltete sich die Gesichtserkennung über Face-ID als sehr schwierig. Innerhalb kürzester Zeit gelang es allerdings dem Unternehmen, technisch nachzurüsten und das Entsperren des Handys trotz Tragen einer Maske zu gewährleisten.

7.6.3   Physische Produkte und Services

Bei physischen Produkten muss man meines Erachtens zwischen der Verbesserung der Usability von alten, d. h. bereits bestehenden Produkten einerseits und der Gewährleistung einer grundsätzlichen Usability bei neuen Produkten differenzieren.

Sowohl bei alten als auch bei neuen Produkten gilt grundsätzlich der in Abschn. 7.4 angeführte Prozess. Allerdings bewegt sich das Ausmaß der Usability-Verbesserungen auf unterschiedlichen Leveln.

Geht man von bereits bestehenden Produkten aus, so bewegen sich Usability-Verbesserungen meines Erachtens eher in einem kleinen Rahmen und vollziehen sich in kleinen Schritten. Geht man beispielsweise von einem Fahrzeug aus, so kann man Fahrer beobachten oder Nutzer des Fahrzeuges befragen, wo eine Herausforderung für Usability liegt, und kann dann entsprechende Anpassungen vornehmen. Als Beispiel kann hier das iDrive-System von BMW angeführt werden: Vor gut 20 Jahren hat BMW ein zum damaligen Zeitpunkt revolutionäres Anzeige- und Bediensystem eingeführt, zunächst in den Fahrzeugen der Oberklasse. Das System sollte die Bedienung vereinfachen, da der Fahrer nicht mehr eine schier unüberschaubare Anzahl an Schaltern am Armaturenbrett bedienen musste. Trotzdem führte das System erstmal zu Herausforderungen bei den Nutzern, wurde jedoch kontinuierlich weiterentwickelt und ist heute aus modernen Fahrzeugen nicht mehr wegzudenken. Die kontinuierliche Weiterentwicklung war auf eine Verbesserung der Usability für den Fahrer ausgerichtet und diese vollzog sich in kleinen Schritten.

Anders stellt sich meines Erachtens die Situation in Zusammenhang mit Elektrofahrzeugen und dem autonomen Fahren dar. Wenn man das autonome Fahren vollständig durchdenkt, dann würde dies zu einer sprunghaften Verbesserung der Usability führen: Nicht nur, dass die Bedienung einfacher werden würde, da der Fahrer im Kern nur noch das Ziel eingeben muss und sich danach entspannt zurücklehnen kann. Er kann sogar andere Dinge machen oder sich ausruhen und schlafen. Darüber hinaus würde autonomes Fahren aber letztendlich auch bedeuten, dass Führerscheine überflüssig werden. Der Fahrer muss also keine Schulung mehr machen, welche Zeit und Geld in Anspruch nimmt. Dies wäre aus meiner Sicht ein vollkommen neues Level an Usability.

Abb. 7.2 zeigt die Unterschiede sehr schön auf: die obere, durchgezogene Linie zeigt eine kleine, schrittweise Verbesserung der Usability eines physischen Produktes im Zeitablauf auf. Am Beispiel der Autos festgemacht würde dies die kontinuierliche Zunahme der Usability des Autos in den letzten Jahrzehnten darstellen, beispielsweise durch immer bessere und umfangreichere Assistenzsysteme. Meines Erachtens kann es aber irgendwann auch ein „zu viel" an Usability geben. Dies würde beispielsweise auf ein Fahrzeug zutreffen, das mit so viel Assistenzsystemen und sonstiger Technologie ausgestattet ist, dass der Fahrer nicht mehr „durchblickt".

Die untere Linie zeigt die Entwicklung der Usability einer neuen Lösung auf. In unserem Beispiel wäre dies das autonome Fahrzeug. Dieses hat zwar durch das

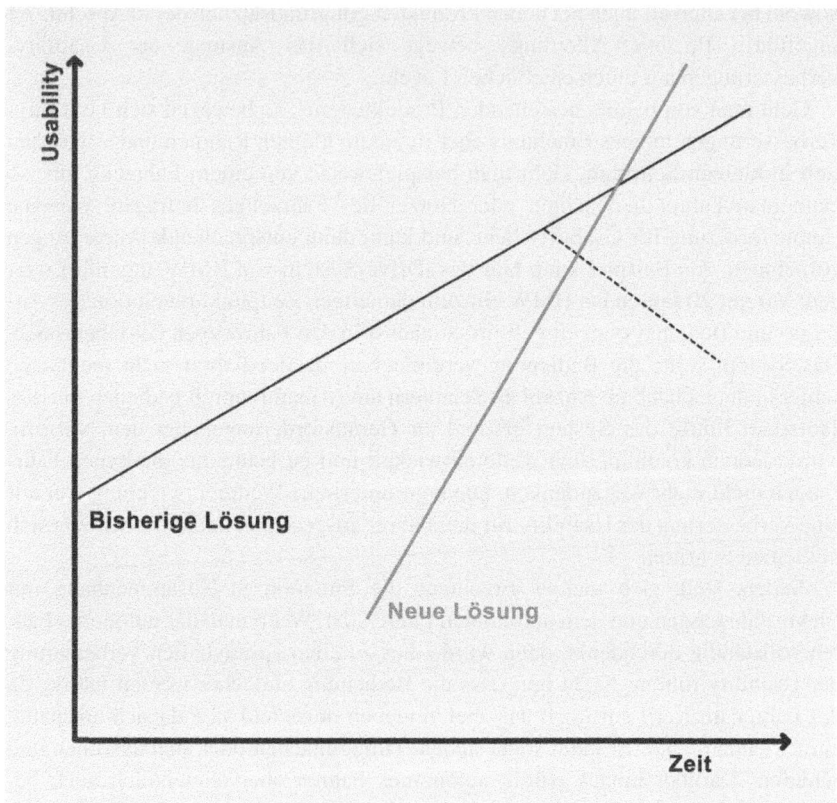

Abb. 7.2 Usability

eigenständige Fahren grundsätzlich einen Usability-Vorteil gegenüber den traditionellen Fahrzeugen, allerdings ist das autonome Fahrzeug insgesamt im Hinblick
auf die Usability geringer einzuschätzen, beispielsweise aufgrund vieler „Kinder-
krankheiten". Sind diese jedoch beseitigt, kann es das traditionelle Fahrzeug nach
einiger Zeit überholen.

Anmerkung: Die Parallelen zwischen den vorangegangenen Ausführungen und
den Überlegungen zum Ansatz der disruptiven Innovation von Christensen sind
mir bewusst und nicht zufällig, denn offensichtlich gelten für Innovationen und
Usability ähnliche Regeln und Mechanismen.

7.7 Beispiele für gute und schlechte Usability

7.7.1 Beispiele für gute Usability

Zum Zeitpunkt der Erstellung des Buches haben sogenannte Large Language Models (LLM) wie etwa GPT in sehr kurzer Zeit viele Nutzer gewinnen können. Als technikaffiner Mensch habe ich mich intensiv mit Sprachmodellen auseinandergesetzt.

In diesem Buch wollte ich zumindest an einer Stelle ChatGPT einsetzen. Also fragte ich GPT-4, was seiner Ansicht nach Beispiele für gute Usability seien. GPT-4 führte die Google-Suche, Amazon und Dropbox als Positivbeispiele an.

Google-Suche
Die Google-Suche ist nach „Meinung" von GPT-4 insofern benutzerfreundlich, als es auf der Hauptseite nur ein einziges Eingabefeld gebe. Die Antworten auf eine Nutzerfrage, so das Sprachmodell weiter, seien aufgrund hoch entwickelter Algorithmen relevant sowie klar und präzise. Auch die Autovervollständigung von Nutzeranfragen sowie die Rechtschreibkorrektur sieht GPT-4 als Merkmale einer hohen Usability an.

Amazon
Amazon, so GPT-4, sei aufgrund der intuitiven Navigation und des einfachen Kaufprozesses ein Kandidat für eine hohe Usability. So seien Produkte für den Nutzer sowohl leicht zu finden als auch zu vergleichen. Außerdem habe der Nutzer einfachen Zugang zu den Bewertungen anderer Nutzer und der Checkout-Prozess sei klar und einfach gestaltet. Schließlich würde die Nutzererfahrung auch durch die Möglichkeit zur Bestellung mit nur einem Klick an Usability gewinnen.

Dropbox
Auch für die Cloud-Lösung sieht GPT-4 ein hohes Maß an Usability. Gründe hierfür seien eine gleichzeitig einfache und intuitive Gestaltung der Benutzeroberfläche, was ein Hochladen, Herunterladen und Teilen von Daten sehr einfach mache. Außerdem ermögliche die Desktop-Anwendung eine Integration der Speicherlösung in das Dateisystem eines PCs.

Interessant sind bei den Antworten von GPT-4 für mich nicht nur die konkreten Beispiele, sondern auch die Begründungen für die Auswahl dieser Beispiele gewesen. Fasst man die von GPT-4 genannten Gründen zusammen, so ergeben sich folgende Merkmale einer hohen Usability:

- Einfachheit in der Bedienung und Anwendung
- Intuitive Handhabung
- Keine Ablenkung des Nutzers
- Unterstützung des Nutzers bei der Erledigung seiner Aufgabe
- Möglichkeit einer schnellen Erledigung der Aufgabe
- Hohe Qualität des Ergebnisses

Bis auf den letzten Punkt, die hohe Qualität des Ergebnisses, stellen die angeführten Punkte für uns keine Überraschung dar und sind in Übereinstimmung mit meinen Ausführungen zu sehen. Die Ergebnisqualität findet sich allerdings nicht in den Gestaltungprinzipien für Informationsdarstellungen und gehört m. E. auch nicht dazu.

7.7.2 Beispiele für schlechte Usability

Auch für schlechte Usability könnte man sicherlich Hunderte oder Tausende an Beispielen finden. Ich will mich auf ein paar wenige beschränken, die mir deutlich in Erinnerung geblieben sind. Hierzu gehört beispielsweise ein Onlineshop, dessen Betreiber darüber erstaunt waren, dass Kunden mit vielen unterschiedlichen Zahlungsmitteln und auch unterschiedlichen Kreditkarten zahlten. Allerdings nutzte anhand der Daten kein einziger Kunde eine American-Express-Kreditkarte. Nach einem Hinterfragen dieser Situation stellte sich heraus, dass Nutzer lediglich einen 3-stelligen Sicherheitscode für Kreditkarten eingeben konnten. Dies ist bei allen Kreditkarten ausreichend – abgesehen von der American Express-Card: Diese erfordert das Eingeben eines 4-stelligen Codes. Die Benutzer konnten also einen Einkauf über die American-Express-Kreditkarte nicht abwickeln, da sie ihren CV-Code nicht eingeben konnten.

Ich habe Apple zwar gelobt, jedoch ist auch dieses Unternehmen nicht frei von schlechter Usability. Beispiel hierfür ist der Macintosh TV aus dem Jahr 1993. Apple entwickelte ein Gerät, mit dem einem Nutzer sowohl ein Desktop-Rechner als auch Kabelfernsehen zur Verfügung standen. Apple nahm das Gerät aber sehr schnell wieder vom Markt. Offensichtlich erschloss sich dem Nutzer der Anwendungszweck nicht, zudem war die Kombination aus Maus und Fernbedienung im Kreditkartenformat wohl für die Nutzer sehr gewöhnungsbedürftig (vgl. apple-history, o. J.).

Ein Beispiel für schlechte Usability, die jeder von uns kennt, ist ein Übermaß an Werbeeinblendungen und Werbebannern, insbesondere auf Webseiten. Werbung ist notwendig, keine Frage – aber wenn das Ausmaß an Bannern, Boxen und Videos so hoch ist, dass die Webseite nicht mehr bedient werden kann, dann ist das eine schlechte Usability.

Literatur

apple-history. (o.J.). Apple-history.com/Macintosh TV. http://apple-history.com/tv. Zugegriffen am 31.08.2023.

Deutsche Akkreditierungsstelle GmbH. (2010). *Leitfaden usability*. https://www.usability-ux.fit.fraunhofer.de/content/dam/usability/de/documents/Leitfaden-Usability-1-3.pdf. Zugegriffen am 01.10.2023.

DIN. (2018). DIN EN ISO 9241-11:2018-11, Ergonomie der Mensch-System-Interaktion_-Teil_11: Gebrauchstauglichkeit: Begriffe und Konzepte (ISO_9241-11:2018); Deutsche Fassung EN_ISO_9241-11:2018. 2018: Beuth Verlag GmbH. https://doi.org/10.31030/2757945

DIN. (2020). DIN EN ISO 9241-210:2020-03, Ergonomie der Mensch-System-Interaktion_-Teil_210: Menschzentrierte Gestaltung interaktiver Systeme (ISO_9241-210:2019); Deutsche Fassung EN_ISO_9241-210:2019. 2020: Beuth Verlag GmbH. https://doi.org/10.31030/3104744

German UPA e. V. (2016). German UPA Qualitätsstandard für Usability Engineering. https://germanupa.de/sites/default/files/2021-11/qualitaetsstandardusabilityengineering.pdf. Zugegriffen am 01.10.2023.

Handbuch Usability. (o.J.). *Usability engineering*. https://www.handbuch-usability.de/usability-engineering/. Zugegriffen am 31.08.2023.

msg. (o.J.-a). Kontextinterviews|User-Experience-Methoden-Katalog. https://user-experience-methods.com/01_understand/contextual-inquiry.html. Zugegriffen am 31.08.2023.

msg. (o.J.-b). Card Sorting|User-Experience-Methoden-Katalog. https://user-experience-methods.com/04_design/card-sorting.html. Zugegriffen am 31.08.2023.

Nielsen Norman Group. (2012). *Usability 101: Introduction to usability*. Nielsen Norman Group website. https://www.nngroup.com/articles/usability-101-introduction-to-usability/. Zugegriffen am 13.10.2023.

onlinemarketing praxis. (o.J.). Eye-Tracking (Blickverlaufsmessung) – Definition|Onlinemarketing-Praxis. https://www.onlinemarketing-praxis.de/glossar/eye-tracking-blickverlaufsmessung. Zugegriffen am 31.08.2023.

Peinert-Elger, C., & Magerhans, A. (2023). *Quick Guide Usability: Wie Sie Produktflops vermeiden und eine nutzergerechte User Experience schaffen*. Springer Gabler. https://doi.org/10.1007/978-3-658-41469-6

Stegemann, M., & Suwelack, T. (2020). A/B-Testing – Verfahren zur Optimierung der digitalen Interaktion zwischen Konsumenten und Unternehmen. In S. Boßow-Thies, C. Hofmann-Stölting, & H. Jochims (Hrsg.), *Data-driven Marketing* (S. 159–176). Springer Gabler. https://doi.org/10.1007/978-3-658-29995-8_7

SWR. (2022). Haßloch in der Pfalz ist kein bundesweiter Testmarkt mehr – SWR Aktuell. https://www.swr.de/swraktuell/rheinland-pfalz/ludwigshafen/keine-gfk-konsumfor-schung-in-hassloch-mehr-100.html. Zugegriffen am 31.08.2023.

usability.de. (o.J.). Benchmarking-Test: Ihr Produkt mit dem Wettbewerb vergleichen. https://www.usability.de/leistungen/methoden/benchmarking-test.html. Zugegriffen am 31.08.2023.

Fazit

8

Dieses Kapitel fasst die wesentlichen Ergebnisse dieses Buches zusammen und zieht ein Fazit: Sofern ihr euch noch nicht mit Customer Insights auseinandergesetzt habt, ist es höchste Zeit, damit zu beginnen. Falls ihr schon dabei seid: Bleibt am Ball und erhöht schrittweise den Reifegrad, bis an ihr an dem Punkt seid, wo ihr hinwollt.

In den vorangegangenen Kapiteln haben wir uns mit zahlreichen Modellen und Instrumenten zur Gewinnung von Customer Insights auseinandergesetzt: Wir haben uns angesehen, wie wir das Verhalten von Kunden mithilfe von unterschiedlichen Modellen beschreiben können. In der Folge habe ich euch unterschiedliche Ansätze zur Segmentierung von Kunden vorgestellt, um marketingbezogene Maßnahmen gezielt einsetzen zu können. Mit vier unterschiedlichen Vorgehensweisen in Zusammenhang mit Customer Analytics habe ich nicht nur aufgezeigt, wie das Verhalten von Kunden beschrieben werden kann, sondern auch auch Ursachen und Zusammenhänge identifiziert werden können. Bei den fortgeschrittenen Analyseverfahren Predictive Analytics und Prescriptive Analytics ist es sogar möglich, wahrscheinliche Entwicklungen zu prognostizieren und eigene Maßnahmen zu identifizieren, um die gewünschte Situation herbeizuführen. In diesem Kontext habe ich euch auch meinen Datenzyklus vorgestellt, der eine einfache, aber sehr wirksame Vorgehensweise zur Gewinnung und Nutzung von Daten im Unternehmen darstellt.

Damit habe ich insgesamt eine in der deutschen Literaturlandschaft bislang fehlende Auseinandersetzung mit Customer Insights vorgenommen und euch jede Menge Ansatzpunkte für eigene Analysen gegeben. Anders ausgedrückt: Ihr habt jetzt keine Ausrede mehr, keine Customer Insights zu gewinnen. Lasst mich euch noch zwei weitere Argumente geben, warum ihr noch heute mit der Analyse beginnen solltet: Zum einen hat sich gefühlt jedes zweite Unternehmen die Kundenorientierung, die Kundenzentrierung und/oder die Ausrichtung an den Wünschen

J. Rashedi, *Customer Insights*, https://doi.org/10.1007/978-3-658-43392-5_8

und Bedürfnissen seiner Kunden auf die Fahne geschrieben. Um diese Worte aber in die Tat umzusetzen, sind Erkenntnisse über den Kunden notwendig. Denn wie sollte man Kundenwünschen entsprechen, wenn man die Wünsche des Kunden überhaupt nicht kennt?

Zum anderen sind die Hürden für einen Einstieg für die Gewinnung von wertvollen Customer Insights meiner Ansicht nach noch nie so gering gewesen wie zum jetzigen Zeitpunkt. Denken wir zurück: Wir haben begonnen, mit Zettel und Stift die wenigen Daten über den Kunden auszuwerten, die wir überhaupt vor dem digitalen Zeitalter sammeln konnten. Also: wenige Daten, aber wenigstens geeignete Mittel, diese auszuwerten.

Mit Beginn des digitalen Zeitalters standen auf einmal sehr viele Daten zur Verfügung und lediglich große Unternehmen besaßen auch die notwendigen Tools, diese Daten zu bewältigen und Erkenntnisse zu gewinnen. Kleine und mittelständische Unternehmen konnten sich bestenfalls ansatzweise mit den Daten auseinandersetzen. Es fehlten schlichtweg die notwendigen personellen und finanziellen Ressourcen, sich mit den riesigen Datenmengen in Form von Big Data auseinanderzusetzen. Kurzum: sehr viele Daten, aber nicht die geeigneten Tools, um diese Daten auszuwerten.

Aktuell hat sich die Situation noch einmal gewandelt: Es stehen nicht nur sehr viele Daten in Form von Big Data zur Verfügung, sondern es haben auch die Möglichkeiten zur Auswertung dieser Daten deutlich zugenommen. Beispiele sind auch für kleinere Unternehmen erschwingliche Softwarelösungen oder Auto-ML-Tools zur Datenanalyse, die lediglich ein geringeres KI-Know-how voraussetzen. Dies führt uns zu einer Situation, in der kleineren Unternehmen und insbesondere auch Start-up-Unternehmen Analysemöglichkeiten zur Gewinnung von Customer Insights zur Verfügung stehen, die noch vor wenigen Jahren ausschließlich großen Unternehmen zur Verfügung standen.

Meiner persönlichen Ansicht nach stellt die aktuelle Situation mit großen Sprachmodellen wie etwa GPT-4 einen Game-Changer auch im Marketingbereich dar. Nicht falsch verstehen: Ich bin nicht der Ansicht, dass KI die Lösung für alles ist. Aber so, wie sich die Situation aktuell darstellt, werden die LLM erstens zu einer weiteren „Demokratisierung" der Analysemöglichkeiten führen. So existiert zum Zeitpunkt der Erstellung dieses Buches bereits eine Python-Bibliothek, die eine Verbindung zwischen Python (konkret: Pandas Dataframe, eine spezifische Struktur, um Daten für die Verarbeitung vorzubereiten und dann zu analysieren) und ChatGPT herstellt. Dies Verbindung ermöglicht es dem Analysten, konkrete Fragen in natürlicher Sprache über die im Dataframe gespeicherten Daten zu formulieren. Das heißt, der Analyst kann die Fragen stellen, die ihn interessieren, ohne dazu Analysen in der Programmiersprache Python formulieren zu müssen.

Eine zweite Entwicklung in Zusammenhang mit Sprach- oder anderen Modellen ist, dass dem Menschen viel Arbeit abgenommen wird, indem Routineaufgaben automatisiert werden. Dadurch bleibt mehr Zeit, um sich mit den wirklich wichtigen Aufgaben auseinanderzusetzen. In beiden Fällen muss jedoch berücksichtigt werden, dass Sprachmodelle wie ChatGPT die Daten zur Verarbeitung an fremde Server senden, sodass sich eine Verwendung von sensiblen Daten verbietet. Eine andere Lösung wäre hier die Verwendung von frei verwendbaren Sprachmodellen, die auf eigenen Servern laufen.

Aufgrund der beschriebenen Entwicklungen kann mein Vorschlag nur lauten – sofern noch nicht geschehen – sofort mit den ersten Analysen zu beginnen. Schnell werdet ihr feststellen, dass ihr einen Nutzen aus den Customer Insights realisieren könnt. Das sollte euch als Motivation dienen, die Gewinnung von Customer Insights schrittweise weiterzuentwickeln. Letztendlich müsst ihr selbst entscheiden, welcher Reifegrad für euch unter Berücksichtigung der Parameter Aufwand und Ertrag sinnvoll ist.

Bei der Analyse müsst ihr nicht immer eingetretenen Pfade beschreiten, sondern könnt über „Hacks" auch Abkürzungen nehmen. In der analogen Welt analysierte man aufgrund der Abnutzung des Fußbodens oder des Teppichs die „physische Kundenreise" in einem Geschäft oder einem Museum – ihr könnt euch Hacks für die digitale Kundenreise überlegen. Und wenn meine Vermutung stimmt, dann habt ihr dazu die notwendige Zeit, weil euch Routineaufgaben künftig abgenommen werden.

GPSR Compliance

The European Union's (EU) General Product Safety Regulation (GPSR) is a set of rules that requires consumer products to be safe and our obligations to ensure this.

If you have any concerns about our products, you can contact us on ProductSafety@springernature.com

In case Publisher is established outside the EU, the EU authorized representative is:

Springer Nature Customer Service Center GmbH
Europaplatz 3
69115 Heidelberg, Germany

The manufacturer's authorised representative in the EU is Springer
Nature Customer Service Centre GmbH, Europaplatz 3, 69115 Heidelberg,
Germany. If you have any concerns regarding our products, please
contact ProductSafety@springernature.com

Printed and bound by CPI Group (UK) Ltd, Croydon, CR0 4YY

24/04/2026

02096351-0006